多维视界中的科学

郑　念　王丽慧　孙红霞　主　编

中国科学技术出版社
·北　京·

图书在版编目（CIP）数据

多维视界中的科学 / 郑念，王丽慧，孙红霞主编 . —
北京：中国科学技术出版社，2021.12
ISBN 978-7-5046-9254-2

Ⅰ. ①多…　Ⅱ. ①郑…　②王…　③孙…　Ⅲ. ①科学
知识—普及读物　Ⅳ. ① Z228

中国版本图书馆 CIP 数据核字 (2021) 第 211880 号

策划编辑	孙红霞
责任编辑	王绍昱
封面设计	中文天地
正文设计	中文天地
责任校对	吕传新
责任印制	马宇晨

出　　版	中国科学技术出版社
发　　行	中国科学技术出版社有限公司发行部
地　　址	北京市海淀区中关村南大街 16 号
邮　　编	100081
发行电话	010-62173865
传　　真	010-62173081
网　　址	http://www.cspbooks.com.cn

开　　本	787mm×1092mm　1/16
字　　数	211 千字
印　　张	15.5
版　　次	2021 年 12 月第 1 版
印　　次	2021 年 12 月第 1 次印刷
印　　刷	北京虎彩文化传播有限公司
书　　号	ISBN 978-7-5046-9254-2 / Z·345
定　　价	68.00 元

前 言

　　我们身处科学技术剧变的时代。科学技术与人文、创新与梦想、虚拟与现实、传统与现代交融汇聚，呈现出一幅绚烂夺目的发展图景。科学技术不仅是推动文明进步的力量，也是时代航船的发动机；科学技术不仅是第一生产力，也是启迪民智、培育科学精神的来源。当今时代，我们比任何时候都需要用科学理性来武装头脑，提高国民素质，提升国家竞争力。然而，科学技术在促进经济社会发展、造福人类的同时，也在某种条件下对人类生存发展产生了消极作用。

　　在这个信息化浪潮席卷全球的时代，无处不在的资讯和网络信息不仅给我们带来便利和进步，也使我们陷入信息优劣难分、真假难辨的窘境；社会经济高速发展，不仅给我们带来物质丰富、生活富裕，也使我们面临生存环境变差、心理紧张不安的困惑；文化多元发展不仅达到支撑信仰的目的，也给全球带来宗教极端主义、恐怖主义威胁人类生命安全和严重影响地区安全稳定的困扰。

　　面对科学技术的两面性，中国科学探索中心致力于搭建各界人士交流的平台，以科学无神论的世界观，集结来自各领域崇尚科学、抵制迷信的研究人员，对异常现象和声称进行科学探索；以弘扬科学精神、捍卫科学理性、建设科学文化为己任，通过传播科学，提升公众的科学素养，培养公众对科学的兴趣，激发公众探索科学的信心和热情；以马克思主义理论为基础，以全球伦理观关注发展，用自然的观点解释世界，秉持开放、包容、合作的理念，与全社会有着共同价值观的同仁和组织一道，为推动科学在中华大地传播和踵事增华而努力。

本书以中国科学探索中心微信公众号发布的内容为基础，汇集了 33 篇有针对性的文章，共涉及 4 个主题，分别是反伪破迷、理性光芒、人文意蕴、科学理趣。全书从多个维度展现科学在当今时代的思想价值、精神动力，聚焦分析与解构伪科学和所谓的超自然现象等的本质，关注热点焦点科学技术话题，思考如何运用科学方法，以及凸显科学的理性智趣和人文意蕴，让读者从多元视角理解科学的本原和作用。

感谢本书中的各位作者和编译者，他们贡献了自己的学识和智慧，为本书的出版提供了大量素材，也使得中国科学探索中心的相关研究更为丰沛充实！

编　者

2021 年 12 月

目 录

人文意蕴篇

科学理趣篇

反伪破迷篇

倡导科学思想，捍卫科学尊严，摈除愚昧迷信，提高全民科学文化素质，是科技工作者义不容辞的社会责任。

——朱光亚

人们为什么会相信神秘现象

当今，有一个令人烦恼的问题是：为什么在科学昌明的时代，超自然现象和神秘现象却如此流行？关于鬼魂、UFO、大脚兽、魔鬼附身等的调查，不同程度地表明，人们仍在广泛、忠诚地相信这些迷信。看手相、面相、骨相；看风水、测八字、抽签、问神；魔鬼附身、心灵或精神疗法、心灵感应、鬼屋、外星人来访、天眼通、占星术、鬼魂、灵魂转世、与死人交谈、意念致动、巫术、勾魂和灵魂占有、金字塔力和水晶魔力等，不一而足。那么，为什么当人们遇到奇异的事件时会马上与超自然现象联系起来，而不是用科学的理论来解释呢？要回答这个问题，我们需要更深入地考察人类的本质，特别是人类信仰的心理本质问题。

无论什么时候，要回答人类的行为问题，我们都必须先看看人的动机，即人为什么这样做。200多年来，心理学家、社会学家和研究人类行为的学者，当他们还没有发现物理学、化学方面的规律和定律的时候，只不过是学到或积累了一些关于人类的一些可靠和有用的知识，一旦获得这些知识，就会成为我们理解那些奇怪、疯狂乃至非理性的人类行为最有帮助的手段。正如在物理学上没有无因之果，人类的行为也都是有原因的。这些原因，用心理学的术语说就是动机。要理解人的行为，就要理解行为产生的原因，也就是人的动机。

动机的层次

亚伯拉罕·马斯洛（Abraham Maslow，1908—1970）认为，人的需求是一个连续的递进过程。在需求的最低层次，生理需求是主要的。这是所有人最根本的需求，我们必须有空气、水、食物、住所和性。这些需求的满足使个人和种族得以延续。一旦生理需求得到满足，我们就会进入第二个层次的需求。

在第二层次上，人的安全需要占主要地位。人需要感到有保障、安全，没有焦虑和恐惧。我们需要感受到世界是可以依靠的，事物在宇宙中是有秩序的。安全和稳定是人类的重要需求。

当物质上的需要得到满足，个人安全和保障达到一定程度以后，我们就会进入第三层次的需求。这时感情、爱和归属感就变得极为重要。这种需求会通过恋爱、创造亲密关系，通过个人与一个或几个人的关爱和信任来得到满足。我们需要通过接触同类、融入同类，与他们一起工作和活动，来消除自己的孤独、疏远和分离。我们需要伴侣、伙伴和社会帮助。

如果某个人很幸运，他的安全和保障需求与他的爱和归属需求都得到了满足，那么自我尊重的需求就会起支配作用。这种需求处于第四层次，由得到别人的尊重和自我尊重组成。其中，得到别人尊重是主要的，因为我们难以觉察到自己很重要，除非从别人那里知道，他们认为我们很好、很重要。

即使以上提到的需求都得到了满足，还会有一定程度的不愉快，这就进入了下一个需求层次。除非我们最大限度地发挥自己的技术和能力，尽可能地使自己的生活达到圆满，否则我们还是会觉得在生命中缺少了什么，还会有不满足和不安的感觉产生，除非诗人能够写诗、艺术家能够作画、发明家能够发明有价值的东西。如果他们要得到幸福和满足的话，就要让自身达到能够成为而又必须成为的形象。也就是说，我们必须得到自我实现的满足。

最后，在需求层次的最高层，我们发现还需要服务他人，为人类做一些美好的事情，或者达到与某种较高权力和规则的统一。这似乎是一种放弃自我并使自己变得更伟大的需要。这种"超越的"或宗教式的需要，或与某些比自己伟大的事物结成一体的需要，似乎是一种人类的内在需要，可以由多种方式来满足。所谓的"精神或宗教领袖"，或不正规的心理医生、灵媒、降神者、江湖骗子，他们常迎合这种需要，承诺能够满足人们的愿望。

在那些折磨人的"信仰需要"中，我们也发现了一些主要需求，比如对确定性、安全性和肯定性的需要；对权力和控制的需要；对社会反馈和帮助的需要；相信和被相信的需要；还需要简单和"容易回答"的问题，比如知识简单化；对于生手和新手，还需要安全和共鸣；需要被一些大的、强有力的组织认同，从而间接地获得一定程度的地位、重要性和显著性；在一些大的让人敬畏的问题上，有一种强烈的需要，让人感到重要、特别和有意义。

所有的人类动机莫过于这种超常的满足：权力、地位、安全、自我尊重、与追随者不同而受到他们景仰，对一些信仰者来说这确实是最美好的奖赏！

人的感知

我们必须思考的人类本质的另一个方面是，人类对所居住环境的感觉认识。人类不只是对来自物质和社会环境信息的被动接收者，实际上，我们依靠过去的经验和先前的知识来接受和解释这些信息。我们如何处理这些信息，取决于我们过去对它的了解，基于以前经验并作出假设，我们不仅仅是对原始信息作出反应，而且还以我们的假设和预期为基础。

心理学上的保护机制

当人们遇到一些令人不安和痛苦的事情而难以处理时，他们要么用愿望来压制它，要么有意识地拒绝去想它，或者通过无意识的压迫来拒绝它，并把它压制到潜意识中，掩藏在看不见、摸不着的心灵深处。如果这种保护方法不起作用，人们就会进入一个幻想的世界，以逃避不愉快的现实。如果处理得太快，就会进入一种精神病状态——这种状态使患者难以区分幻想和现实。如果我们在大部分时间里仍然能够保持清醒，仍然相信一些别人认为是不真实的事情，那么，实际上就处于一种自我欺骗或假信仰的状态。

对精神紧张和焦虑不安作出的另一种反应是，出现幻觉或假视觉。在一定条件下，幻觉现象可能在正常的健康人身上发生。美国和欧洲进行的一些调查表明，有10%～27%的人有某种幻觉经历，经常是视觉上的特征，经常涉及一些人看到另一些人，而实际上根本没有任何人在他们面前。当这种模糊的幻觉在正常情况下发生时，那么在那些遭遇不正常情况的人身上就一定会更详细地表现出来，比如长期剥夺感觉、剥夺睡眠、饥饿和紧张，以及疲劳和悲伤。

因害怕而保护自己的一些其他方法，也可能导致多种恐惧症。最常见的恐惧症是幽闭恐惧症——害怕封闭的地方；恐火症——害怕火；广场恐惧症——害怕开阔的场所；不洁恐惧症——害怕脏；光线恐惧症——害怕光；声音恐惧症——害怕打雷等。还可能患上定型症，在人正常的成长过程中的某个阶段，停止成长和发展。我们甚至会倒退，或向后发展，产生更简单和更原始的思维、情感和行为；我们也可能通过把自己的感情、态度和观念转移给别人而产生置换作用，即把我们自己的缺点、需要、要求和态度转嫁给别人，向别人放射自己的缺点和害怕。

另一种很普通的自我保护机制是认同，一种使自己成为或认同别人的状态。仰慕他们所以希望与他们一样。喜好俱乐部的成员（一些崇拜狂）就是典型的例子。通过变成自己仰慕的人，认为自己可以分享他们的长处，漂亮、荣耀和声望。与这种机制相伴随，我们也可能有一系列的性格保护——构建一种控制自己失落、失败和不安全情感的心理态度和信仰。

为了解释人类奇怪和神秘的行为，了解人们为什么那么做，为什么相信，有必要透过表面现象去挖掘人们内心的深层动机和原因。在人类行为上，没有任何方面比人类的信仰、超验诱惑，或超越地球范围的拯救更重要。

信仰和超验心理

只要稍微环顾周围就会很清楚，我们生活的每一方面都被尚未得到解释的现象笼罩着。我们不知道从何处来，要向何处去。人类存在的目的也是不清楚的，也许是不可知的。我们甚至发现连最简单的问题都回答不了。比如，为什么要出生？为什么会死亡？在宇宙中我们是唯一的智慧物种吗？未来是什么样子？或者进坟墓就是全部的归宿吗？为了回答这些问题，聪明人搞出了诸如哲学和宗教之类的说法，也就是信仰体系来回答这些问题，来削弱和减轻人们对存在的和未来问题的不安。如果没有现成的答案，那么还不如让人们相信某些东西，也比暗中害怕要好。这就是很多信仰所给予人们的答案。

受过良好教育、经过科学训练和启蒙的学者了解人类的历史、文化

（人类学、社会学和心理学）。他们不仅理解原始人迷信的原因，还知道他们万物有灵的思想是怎么来的。真神和装神、神灵和魔鬼、鬼魂和装神弄鬼、巫师和魔术师、医师和萨满、神父和神母，统治和控制着原始人类的生活世界。为了生存和繁荣，必须向所有这些精神力量和加入其中的人献殷勤和邀宠。原始人的周围都是高高在上的、曾经的凶神——这些神灵是吝啬的、要求人们绝对崇拜的、复仇心重的、具有全能的，他们可以随意地殴打人。人们如果要生存，就必须取悦和抚慰他们。

现在的科学家和质疑者犯的最大错误是认为原始人类的信仰体系所遵循的心理学机理只适用早先的人类。事实恰恰相反，现代人与原始穴居人的信仰心理基本上是相同的。虽然大多数现代人不再把打雷说成是雷公敲鼓，也不再相信地球是平的、巫师可以骑着扫把在空中飞行。但是，还有许多现代人的思想仍然停留在"地球是平的"时代，他们仍然相信，水晶中有像电脑一样的程序，脖子上带水晶可以预防或治疗癌症，而且用收音机可以听到死人之间的相互谈话。

现代人具有这些奇怪的信仰，并不是心理上或大脑有毛病，认识到这一点同样是很重要的。他们不需要有专门的机构进行治疗，不需要特殊的心理关怀，或被送进医院。他们对自己或别人都没有伤害，而且大部分时间里，他们的其他日常行为与你我没有什么区别。然而，他们又确实具有一种或一些不正常或非理性的信仰。

正确对待存在的不同信仰

我们必须认识到，在我们这个社会中，只有少数人得到科学的训练。科学素养是一种能力，是人们在学习科学学科的过程中获得的，我们发现，科学事业的本质已经受到越来越多人的误解和歪曲。

知识分子和期刊作者、报纸编辑与其他媒体人很少理解逻辑规则、实验原则和实验设计，或者对科学证据的要求。我们也必须清楚，事实不能脱离这些基本情况：你可能总是会涉及一些不可靠的资料——被一些有偏见的人收集起来的那些资料，它们是容易出错的；也会不断地涉及一些蹩脚的观察者匆忙记录的现象；还会遇到一些描述不够详细、涂上感情色彩和歪曲的报道。曾几何时，古老的密苏里事例给我们展示的不总是真实的，或者不可避免地带有异常的成分，而它又是最好的可能选择。事实即有用性，在这个领域由于一些原因，总是有难以处理的事情：①亲眼见到的是不可靠的；②人的交谈和报道是容易出错的；③人的动机是复杂和隐蔽的，甚至那些经历的过程也会被蒙蔽；④人面临的情境是难以摆脱的，通常会干扰逻辑和理性；⑤人是会推诿搪塞的，也就是把知道的说成不知道，并经常使诈；⑥人会过分信任，而人们相信的范围是可怕的；⑦在日常生活中，人们会偶尔处于幻觉（错觉）状态，许多人会在白天产生错觉或幻觉，这会使收集事实变得更复杂；⑧大多数人易受暗示，有些人极易受暗示（甚至有幻想偏好），他们有自己的信条，"现实虽好，但我不愿处于其中"。

还有，当我们审查人信仰的"为什么"并小心考察这些"信仰者"的心理时，我们也发现前面提到过的一些现象：①人们具有一种强烈的控制欲望，希望具有控制物质环境和社会的权力；②人们有一种强烈的对肯定、确定、安全和稳定的需求，以避免害怕和恐慌；③人类有较强的社会需求，即需要依附、伴侣、帮助，还需要支配性的能力；④人类有一种对"新"事物的需求，如新奇和兴奋的东西，我们期望和需要愉悦，需要危险的刺激，但大多数人需要安全和有力的共鸣经历；⑤人类需要简单、容易，对复杂问题有容易理解的答案，他们不能承受太多的挫折，需要快速地解决所有"未解之谜"；⑥人类有对"更多事情"的需求，也就是希望把自己归属为或被认同为一个比自己更有力的大的组织，如宗教、灵媒、预言者等，经常提供这种"超越性"需要；⑦人类有一种强烈表现自己重要、特殊、显著的感觉需求，显示自己在宇宙中是不同的。例如，"与地球上的其他人不同，外星人绑架了我，并让我来拯救整个世界"。

无论什么时候，当我们遇到稀奇古怪的行为，或者与常人不同的行为，我们可以从上述动机和似乎合理的需要中找到一些可以理解的线索。

（本文编译者　郑念）

参考文献

［1］HINES T. Pseudoscience and the paranormal［M］. Buffalo: Prometheus Books, 1988.

［2］保罗·库尔茨. 新怀疑论［M］. 郑念，译. 上海：上海交通大学出版社，2021.

［3］亚伯拉罕·马斯洛. 动机与人格［M］. 许金声，等，译. 北京：中国人民大学出版社，2012.

你了解超自然现象吗

超自然现象涉及的领域

信仰

相信存在上帝、鬼神、灵魂或其他超越人类感知的神灵。这个领域存在的历史很长，主要涉及民族习俗、宗教，由于不同国家的宗教政策不同，在研究、揭示和批判上也存在不同。总的来看，是向着开放、争鸣、存疑存异的方向发展，涉及的学科有哲学、宗教、政治、心理学，以及相关研究方法的社会科学。

人体功能

认为某些人具有超出一般人的特殊能力，具有感知超自然、超物质世界的能力，从而引起另一些人的崇拜。这方面包括：特异功能，即感觉、知觉器官的功能转移（耳朵认字、皮肤认字、腹语、开天眼等）；遥感，如通过"发功"遥感千里之外某人、某物的状况并进行调控；灵媒，即某些人具有沟通神灵的能力，可以把人间的需要向神灵报告，得到神灵的保佑，也可以传达神灵的旨意，要求人们如何做，以祛灾辟邪、消祸避难等。这方面典型的表现形式是巫术、巫医。

自然之谜

自然之谜是指自然界中存在的一些至今仍然无法用科学和证据加以解释的客观存在、声称或现象。这方面包括北纬30度的神秘建筑、尼斯湖怪兽、神农架野人、天池怪兽、大足怪、水晶头骨，以及一些大的物种毁灭、地域灾难等。主要认为，宇宙中存在一种超出人类智慧的生物，能够控制、影响地球的活动，或曾经光顾地球，留下了一些建筑或特征，对此目前人类还难以破解。

天人感应

这种"天人感应"与中国古代的"天人感应观"是不同的，中国古代的天人感应是一种朴素的哲学观念，虽然也带有迷信的色彩，但它在当时的社会背景下是一种先进的理念，是进步的。就是在今天，在某些方面仍然具有借鉴意义。而这里的天人感应是把人类的命运与宇宙、天空中的某些现象联系起来，认为人的命运受到这些现象的掌控，或可以通过这些天空的现象来预测、把握人的命运。现在西方的占星术、星座等就属于这类。

堪舆术

堪舆术通常以经验为基础，把人类社会的兴衰和个人的荣辱与一些简单的现象联系起来。通过这些简单的现象来预测和判断事物的吉凶，如抽签算命、看风水、测八字、看相、测字、八卦等。由于它以经验为基础，而不是以事实证据为基础，所以是非科学的。这些非科学的解释在历史上存在很长时间了，因其符合人们的心理需求，所以，导致很多人相信它们。自古以来，有一些人靠堪舆术为生，在民间影响深远。

西方超自然现象流行的文化基础

总体来看，无论是历史文化积淀深厚的国家，还是与现代文明靠近的国家，在对待异常现象的传统上都与当地的习俗和文化相结合，带有迷信色彩，都深深地植根于草根文化，且表现在各个层次，只是不同的层次对这种迷信依赖度有所不同罢了。

从流行的趋势和表现形式上看，这种异常现象及与之相伴随的文化明显带有"需求导向"的特点，即向着需求旺盛的地区流动。而且，这种"需求导向"是与"趋利动机"相适应的，从而很容易达到供需结合，推波助澜，向着人流集中、市场需求大、未知因素多、生存竞争激烈的地方流动。这种形式在国外表现为在政界、媒体、影视等方面流行较广；在国内，无论是传播的人还是相信的人都表现为以弱势群体为主；在地区上则表现为"三院两区"，即学院、医院、法院，开发区和旅游区。近年来，这种流传趋势有向城乡接合部或进城民工集中地区转移的特点，而且其人员规模有着与农村生产季节相统一的变化规律。在传统模式上，传播和相信的人都以农村人口为主，只不过随着农村主要劳动者的转移，迷信的市场也随之转移。但在现代传播方式上，比如网络、媒体传播，则传播和受众都以城镇居民为主，更值得注意的是，表现出受众人口的低龄化和高知化趋势。低龄化指学校学生成为重要的受众人群，他们具有一定的文化程度，掌握了现代通信手段的使用方法，可以隐蔽地进行传播和使用；高知化指的人群一般为白领、国家干部、行政职员，他们接近和使用现代媒体更方便，更具有好奇心。因此，他们不仅容易接受和相信异常现象的传播，而且如果不辨是非，还容易成为传播者的帮凶或直接的传播者。

从研究上看，以美国为代表的西方学者，倾向于用科学的方法、理念和精神对这些异常现象进行合理的怀疑，并在怀疑的基础上进行科学的调查和研究，这种研究是无偏见的、理性的。与此同时，把调查研究的真实结果向公众进行传播，揭露具有各种目的的假象和骗局，用事实教育公众，使其避免损失。随着研究的不断深入，这种调查和揭露工作越来越涉及人类的精神和情感方面，比如信仰和宗教。但是，这种涉及精神领域的理性调查和研究，如果还局限于传统科学方法，就很难说服公众。因此，相关机构不再把研究限制在哲学的思辨领域，也不局限在传统的统计和逻辑分析领域，而是日益扩展到自然科学和社会科学交叉的一些学科和方法上，比如心理学、精神心理学、超心理学等方面。利用这些学科的知识、原理和方法，揭示人们信仰领域的一些模糊认识，引导公众正确对待一些未知现象和超自然现象，使其不上当受骗，或陷入迷信的泥沼。

中国超自然现象发展概况

从历史上看，中国有几千年的传统文化积淀，对待迷信和异常现象的经验是非常丰富的。西方是现代科学技术的发源地，用科学理性和科学思想来对待这些异常现象具有优势。因此，东西方通过学术交流，互相取长补短，对于促进科学思想和科学理性的传播、揭示当今世界存在的神秘现象和未知现象具有十分重要的理论意义和实践作用。随着改革开放的不断深入，受到物质利益的驱使，一度沉寂的迷信活动又复活了，且一度横行肆虐。在这种情况下，老一辈的科技工作者、科普作家、科普研究工作者，力主用科学知识、思想和精神武装人们的头脑，对一些异端邪说进行了严厉的批判和揭露。尤其是 20 世纪末，他们对各种声称进行了科学的调查和分析，通过各种媒体对一些迷信和伪科学进行揭露和斗争。应该说，他们为弘扬科学精神和捍卫科学尊严做出了极大的贡献。

进入 21 世纪，老一辈的"反伪斗士"大多已经退休或故去，新的研究和调查工作、捍卫科学的任务落到年轻一代人的肩上。由于在新的历史条件下，面临着更加复杂的政治、经济、社会、文化背景，也由于信息技术的高速发展和互联网的兴起，既给科普工作带来了巨大的便利和机会，也使科普陷入前所未有的挑战。一方面，人人都是传播者，很多人都拥有智能手机。这意味着每一位智能手机的持有者都相当于电脑终端，都是一种传播媒介，是信息和知识的发射器和接收机，无疑使传播队伍得到了极大的扩展。应该说，对科普发展是一个前所未有的机遇。另一方面，由于许多网络上的信息和知识大多未经核实，难辨真假，导致有用的信息和知识与假信息混杂在一起，致使人们产生信任危机，这必然给真正的科普工作带来挑战。因此，在新的背景下，如何增加科普工作的权威度、信任度，是提高科普效果的关键。

（本文编译者　郑念）

参考文献

［1］HINES T. Pseudoscience and the paranormal［M］. Buffalo: Prometheus Books, 1988.

［2］保罗·库尔茨. 新怀疑论［M］. 郑念，译. 上海：上海交通大学出版社，2021.

［3］任福君，姚义贤. 反伪斗士——郭正谊［M］. 北京：科学普及出版社，2010.

神秘、直觉与科学

神秘信仰存在吗？

人们对各种"神秘信仰"的兴趣从来没有消失过，近现代以来变得越来越普遍。社会上流传着各种说法，诸如心灵致动、思维传感、天外来客、不明飞行物（Unidentified Flying Object，简称 UFO）、史前文明、伊甸园的秘密、世纪之交等。人们为何会对这些虚无缥缈的话题感兴趣呢？

《水晶头骨之谜》《外星文明与宇宙》《百慕大三角之谜》等貌似科学的著作畅销全球。这些原因不明、违背已知的科学规律的"超自然现象"，反而引起了公众的兴趣，搅动着世界。世界各地的人们几乎都愿意给神秘现象赋予超自然的解释，似乎只有这样才能安抚内心的不安和躁动。人们是那么急切地用看不见摸不着的"神秘信仰"来解释不明现象，几乎忘记了科学和理性。

社会学家认为，人需要信仰来获得群体优越感，通过依附一个群体给自己以力量。如果被信仰的对象失去了吸引力，人们就会去寻找别的替代品，以舒缓认知失调，满足对社会情感和认知自然界的需求。通常来说，科学理性的解释都比较复杂，公众理解起来有一定难度，而"神秘信仰"

中，"信则灵"的解释则很容易让人产生一目了然的感觉。让我们把镜头指向历史上的"神秘信仰"和科学教育，看看荒诞的"神秘信仰"是如何在人们的意识中占据一席之地的。

历史上的神秘信仰

我们必须认识到，"神秘信仰"的潮流并非突然出现。美国的一位哲学教授保罗·库尔茨关注此话题已经有几十年的时间了，他认为"神秘信仰的诱惑"几乎是与人类的历史相伴而生的。需要特别指出的是，本文所涉及的"神秘信仰"是指活跃于社会边缘且不被主流认可的信仰，而不是指大多数人所信仰的已获得普遍认可的主流宗教。

在西方，11—17世纪的700年间就充斥着魔法、巫术、鬼神和异端宗教信仰。17世纪是现代科学的萌芽时期，也是巫师频现的时代。甚至有很多著名的科学家、哲学家都热衷于"神秘信仰"。伟大的科学家艾萨克·牛顿研究"神秘信仰"的时间远远多于研究物理学。他曾经尝试解释所罗门神庙的尺寸，并且期望对神秘经典的阅读能够引导他获得宇宙最隐秘的事物。弗朗西斯·培根相信用熏肉皮擦拭肿瘤，然后将其挂在朝南的窗户上就可治愈疾病。罗伯特·波意耳相信煮熟的蚯蚓、贴身穿的毛线袜和人尿都是药物，并且还建议采访英国的矿工，向他们询问关于地下魔鬼的事情。

18世纪和19世纪，随着工业革命的兴起和启蒙运动的发展，"神秘信仰"变得不那么张扬，但并没有退居边缘地带，而是以新的形式表现出来。从18世纪到20世纪早期，各式各样的"神秘信仰"吸纳了若干理性思维、哲学和科学的原则，涌现出施维登堡派、催眠术、秘密社团和颅相学等不同门派。人们较为熟悉的有1848年的美国唯灵论、19世纪80年代中期的通神学和"精神研究",以及世纪之交的各种预言。

可以说,人类历史上一直存在着各种"神秘信仰"行为,目前大众对其所产生的兴趣在本质上没有变化。历史上一直存在着各种形式并处于边缘的"神秘信仰",信仰者从中寻求满足。但是在当今科技蓬勃发展、人类充分享受科技成果的时代,"神秘信仰"似乎开始从边缘走向主流,正吸引着更多的人,这种现象不得不引起我们的注意。

1985年,美国宝洁公司迫于压力,不得不把已有100年历史的月亮脸商标撤换,原因就是上千人投诉这个商标是撒旦的标志。在全球一体化和信息爆炸的时代,公众和媒体热衷传播和炮制各种奇异事件和神秘体验,这不能不令人担忧。

我们很难把大众对"神秘信仰"的执着程度用简单的答卷调查清楚。但是统计数据得出的趋势却是显而易见的,那就是大众越来越迷惑,越来越多的人放弃或回避使用理性思考,去相信超自然的"神秘信仰"。这在一定程度上可以解释为什么占星术、巫术、魔法治病、占卜、古代预言等说法仍拥有大量信众。

我们再把视线投向传统的宗教信仰。实际上,现存的传统宗教为信众提供了一整套的宇宙论体系,解释了自然世界和人类的位置。并且,随着科学和技术的进步,主流宗教仪式的规模逐渐缩小,基本只在特定时间和地点进行,时间也很短。

直觉存在吗?

与"神秘"相类似,在面对问题时,很多人会做出一些非逻辑的判断,这就是所谓的直觉。而有些判断"应验"了,那么直觉是什么?可靠吗?直觉和第六感是一回事吗?时至今日,这个话题始终热度不减。

乔·尼克尔是一位科学理性质疑的调查者，从事对异常现象的调查长达30年。他调查过"会说话的动物"，也分析过所谓的发生在人和动物（包括活着的和死去的）之间的超自然联系，并曾经访问过一个唯灵论者（巫师）的宠物墓地，有着良好的科学素养和科学理性质疑的精神。

2003年的秋天，尼克尔的生活改变了，已经36岁且从未跟他生活过一天的女儿切尔蒂凭借"直觉"找到了他这个亲生父亲。后经DNA测试确定，尼克尔就是切尔蒂的生父。尼克尔说，自己作为一名长期从事科学理性质疑的调查者，也不得不承认所发生的事既美好又有些"神秘"。他在征得女儿的同意并在其帮助下开始着手调查此事，他认为对直觉的理解首先要基于人们是如何定义直觉的。

在西方，有一群号称是"新时代运动"的特殊群体，他们是由反文化、反习俗群体衍生出来的一个精神派别，他们的主张中就有第六感、通灵等。作为其中重要一员，帕特丽夏·爱因斯坦在其所著《直觉：通往内心意识之路》一书中说："直觉是内心意识的觉醒，功能如同第六感，这是一种包括了心灵占卜术（一种宣称可以通过接触与之相关的物体就可以获得信息的技能）的超感知的概念。"同其他"新时代运动"成员一样，她坚信每个人都有能量场，这来自大的"宇宙能量流"，某种程度上相当于中国古人所说的"气"。她认为："第六感与人的直觉相联系，是通向永无止境的宇宙能量的渠道。"她解释说，直觉有频率，在某种程度上，调节直觉就像调整收音机的频道一样。事实上，帕特丽夏·爱因斯坦不是伟大的阿尔伯特·爱因斯坦，没有重大的发现和建树，尽管她坚持说心灵康复治疗和意志力的例子曾经被很好地记录下来，验证了自己的主张。实际上，她自己提供不出记录档案，尼克尔对此类声称已经多次调查和检验，证明这些声称是不足以相信的。

但是，为超感觉现象寻找佐证的努力从未止步，并且还有专门从事这些工作的组织，如1882年成立的心灵研究会。20世纪30年代，在美国杜克大学进行超心理学研究的学者莱恩就是该组织的成员。可以说，莱恩是位诚心诚意、富有献身精神的人，但也是一位轻率的超心理学者。他的第一篇报告发表于 1929 年，内容是关于一匹会思维和阅读的母马。他相信母马具有心灵感应的能力。然而，最终调查的结果揭示，母马仅仅是对其主人那精细的暗示和指令有回应。通过训练，母马的回应对应了字母卡片，表象看似会阅读而已。

如果直觉不是第六感，那是什么？它是否确实存在？仅仅是人们记住了直觉应验的事件而忽略了直觉失灵吗？

著名心理学家大卫·迈尔所写的《直觉》一书中对此有精辟的论述。很多领域的研究表明，那些快速的、令人印象深刻的判断，虽然经常是错误的，却比随机分析更能成功预测一些行为。迈尔观察到我们有两个不同的获得知识的途径。他解释说："最近，认知科学揭示出一个令人称奇的、无意识的精神活动，这是其他精神活动的'后台'，关于这些，西格蒙德·弗洛伊德从未告诉过我们。在得到这个认识之前的 20 年，我们认为思维发生不仅仅是在'前台'，但是，远离'前台'的'后台'是看不见的。对训练的研究揭示出，启发式记忆过程中同时具有记忆痕迹的干预。还有，对右脑思维过程的研究、对瞬间情感暴发的研究、对非语言的交流和创造性的研究都揭示了人类思维中具有直觉能力。思维、记忆等都在两个层面上进行着，一是无意识的、自动的，二是有意识的、经过深入思考的。思维是个双重过程，目前我们对此还知道得很少。"

科学与公众的隔阂

那么，科学在同神秘信仰和直觉的冲突中占据着一种什么样的地位呢？

我们先来盘点一下科学的行为和公众对科学的态度。科学本身是一门深奥的学问，当代公众对于科学的本质和研究过程并不十分了解。公众的科学素养与此息息相关，这就需要加强科学理论普及和传播，才能让公众全面理解和参与科学。

目前"神秘信仰"的流行，在很大程度上要归因于科学普及工作的不足。首先，讲授科学知识的教授一定程度上被限制在固定的课堂或实验室内，详细的科学解释过程被当成固定的套路来死记硬背。科学并没有被当作一种有普遍指导意义的"认知工具"。其实，只要具备基本的科学知识便可拆穿许多"神秘信仰"所声称的事实，但是广大公众却缺乏必要的基本科学知识。其次，科学家过分强调了科学的基础性，并没有充分发挥科学成果的作用，给公众造成一种普遍的印象——以为科学只是少数人在实验室里摆弄的数字和器械。

如今，随着科学技术的发展，专业化程度越来越高，很多科学家往往是"只见树木，难见森林"，很少关心自己专业学科以外的事情。他们通常只在本学科内交流，发表的论文大多深奥晦涩，难以被普罗大众理解。有人甚至批评说，科学与技术的思考和操作过程已经躲入黑幕，形成了新的自治格局，隔绝了大众的积极参与。

实际上，在18世纪科学蓬勃的发展时期，普通公众曾被视为对科研成果最具辨识力和推动力。如今，科技创新成果通常要经过数年甚至数十年才有可能应用于人们的生活，长期的隔离和漫长的应用转化期，导致公众对于科学产生了不信任感。相当数量的公众认为，像原子弹这样的毁灭性武器就是科学发展的结果。它们带给人类的不是福祉而是灾难，应当限制科学的发展，削弱科学的力量。

与此同时，还有一些科学家在涉足本专业之外的领域时，违反原则，滥用自己并不了解的知识和技能。这种行为也极大地影响了公众对科学的信任感。

实际上，科学方法的基本原则自弗朗西斯·培根之后鲜有改动，并不深奥。这些基本原则是简单、直白、易学的，受过教育的人不需要通过钻研某个科学项目也能理解科学的基本原理。只有这样，才能在实验室和公众之间架起沟通的桥梁。此外，科学教育需要从小开始，让孩子们参观科技馆、博物馆等，通过这样的方法积极传播科学精神。

总而言之，"神秘信仰"的吸引力源自根深蒂固的历史传统和科学教育的缺陷。我们期望科学技术的发展和普及能够促使人们回归理性，摒弃所谓的"超自然力量"。

（本文作者　任事平）

参考文献

[1] 龚育之. 论科学精神 [J]. 民主与科学，2001（5）：11-13.

[2] 保罗·库尔茨. 世俗人文主义概述（一）[J]. 任事平，编译. 科学与无神论，2008（2）：46-50.

[3] 保罗·库尔茨. 世俗人文主义概述（一）[J]. 任事平，编译. 科学与无神论，2008（3）：47-50.

迷信现象的心理基础及其成因

迷信现象的心理学研究

在心理学史上，第一个试图客观描述迷信现象的是弗洛伊德。他把宗教称为集体神经症，看成一种病理现象。他的学生荣格甚至放下医学工作，到亚非拉这些欠发达地区去研究原始巫术、地方宗教。荣格同样不认同宗教迷信的内容是真实的，但认为这是某些"集体潜意识"在起作用，他要通过剖析这些迷信现象揭示"集体潜意识"的规律。

精神分析学派最早将迷信现象纳入科学考察的视野。但是，这个学派的实证性很差，多半靠个体经验、阅读和感悟来研究，做法和传统人文学科差不多。所以，其理论更多地在人文领域流传，而不被心理学主流所接纳。

1928 年，美国杜克大学莱恩（B. Rine）博士成立超心理学研究所。其研究内容包括心灵遥控、预测、透视等，都是各种宗教迷信共同的行为。1957 年，在反复申请后，美国科学促进会接纳超心理学会作为成员。世界各国也出现过相应的研究。20 世纪 80 年代，中国科学界试图以实证方式研究特异功能，虽然名字不叫超心理学，但是内容大同小异。

　　由于某些超心理学家倾向于不惜代价要将这些现象证实，并且存在实验过程不严谨的问题，主流心理学界并不接受超心理学，将其视为伪科学。然而针对某个客观现象，科学既可以证实，也可以证伪，关键在于要"证"，要主动检验。

　　20世纪60年代，美国心理学家马斯洛创造出"高峰体验"的概念，形容人在达到自我实现时所感受的短暂的、豁达的极乐体验。马斯洛用"天人合一""忘我""无我"之类的词汇来形容它，很像是描述宗教神秘体验。但是"高峰体验"这个概念本身不带任何宗教教派色彩，只是强调客观上存在的一种心理状态。

　　马斯洛并未对此进行过实证研究。20世纪90年代，美国南加州情绪与创造性研究所等机构邀请宗教人士作为被试，在他们深度冥想时对其脑部活动进行检测。这些研究的出发点都是不承认宗教内容的真实性，但承认这些现象本身是存在的，需要搞清它们究竟是怎么回事。

迷信现象的可能原因

　　并没有多少心理学家对迷信现象进行系统研究，直接成果更是少之又少。下面这些心理规律或多或少能说明迷信现象的原因，可以作为此类实证研究的出发点。

负面情绪

　　抑郁、焦虑、恐惧等主观感受不愉快的情绪体验，称为负面情绪。它们不是"坏情绪""不必要的情绪"。负面情绪是人类心理活动的正常组成部分，它们反映了个体与环境的冲突。其中痛苦、焦虑、愤怒和恐惧都有明确的生理基础，是人与高等动物共有的原始情绪，其他后天形成的情感也都是客观存在的。

人类个体产生负面情绪，根本原因在于和环境产生冲突，如事业失败、婚姻危机、健康受损等。这些情绪会对个体形成压力，促使他们解决这些问题，所以负面情绪也是人生的重要动力之一。

现实中我们可以调整负面情绪，让它成为生活动力而非阻力，但是不可能、也没有必要寻求摆脱一切负面情绪。然而，负面情绪往往是宗教关注的重要内容，声称入教便可以摆脱一切负面情绪。许多人仅仅因为无法克制一时的内心痛苦而倒向迷信势力。实际上，有些自称在宗教活动中获得解脱的人，由于过分压制自然情绪，现实中总是麻木不仁、无所事事。

动机冲突

在同一情境下，两种或两种以上动力之间的矛盾冲突称为动机冲突，它是常见的心理现象。德裔美国心理学家勒温（K. Lewin）专门研究动机冲突，还将它们分成双趋冲突、双避冲突和趋避冲突三种。他的动机理论可供参考。

如果发生动机冲突的情境是生活中的小问题，比如购物选择、寻找行车路线等。动机冲突不会造成根本性影响。当遇到重要人生选择时，动机冲突就会制造出严重的心理压力。一些人承受不了动机冲突，转而求神问卜。

在他们看来，请神明代为选择，就可以回避选择中自己要承担的责任。正是动机冲突这种心理原因，导致民间巫术始终有其舞台。

完美倾向

在人类行为中，不存在无成本的收益，或者解决问题却不造成麻烦的完美方案。无论个体还是社会群体，现实中都必须为行为付出代价。但是，一些个体有追求完美的倾向，难以承受现实中存在的问题、缺陷、障碍或者成本。

宗教宣传的一个重要特点就是向信徒允诺存在完美社会，在那里不存在任何形式的恶。加入宗教就能消除现世一切罪恶，永享福寿。既然宗教可以建成无恶的世界，为了追求它，便可以捣毁现世的一切。也正基于这种虚幻的承诺，宗教在历史上很长一段时间都是暴力的源泉，而这种宣传往往会吸引有完美倾向的人。

超价想象

认为自身能力和知识超过一般人，可以克服别人克服不了的困难，或者不会遭遇人人都面临的麻烦，这种幻想称为超价想象。其极端者认为自己出类拔萃，领袖群伦，具有天赋使命。

由于青少年时代对社会了解不够，每个人都有些超价想象。随着社会实践的深入，个体逐渐认识到自身局限，学会客观地分析自己，超价想象日益减少。但是某些成年人一直保持着超价想象，自恋自大。他们会夸大自己某项业绩的社会价值，做事鲁莽，甚至认为自己一定比别人漂亮。他们对自己的评价远远高于别人对他们的评价。

当一个人拥有顽固的超价想象时，常会拒绝社会对其进行客观评价，自视拥有不可理解的神秘力量，正是它们让自己不同寻常。很多迷信者自命先知，认为能听到神的声音，可以为神代言，都是超价想象在起作用。

外归因倾向

归因指人们如何给行为结果寻找原因。心理学中专门研究这类现象的理论叫归因论。它将不同归因分成内在归因和外在归因两种。前者将行为归结于行为者本身的原因，如品行、能力、努力程度等。后者将行为归结于环境因素，如任务难度、工作条件、机遇等。

如果一个人经常把自身行为归因于外界影响，尤其在失败时喜欢这么做，叫作外归因倾向。这不仅仅是委过于人的不良习惯，更会促使一个人相信有某种神秘力量在干扰自己的生活，进而相信命理、运势等迷信说法。

"我没做错，只是命不好"，这是外归因倾向的典型话语。顽固的外归因倾向者甚至会产生迫害妄想，认为社会中有某种邪恶力量事事针对自己，很容易接受有关魔鬼的宣教。

死亡恐惧和分离创伤

对死亡的恐惧是迷信传播的重要动力，通过许诺有来世，宗教得以在幻想中帮助人们减少死亡恐惧。很多人在年轻时能够接受无神论，却在晚年倒向宗教，就是因为承受了更多的死亡恐惧。

另外，亲友死亡带来的分离创伤也是迷信传播的重要渠道。由于亲友死亡，一个人会承受一段时间的心理创伤，从数周到半年不等。如果亲友死于意外事故而非疾病或者衰老，造成的创伤会更深刻、更持久。一些人为了摆脱这种创伤，便会寄希望于通灵、巫术等。

权威人格与从众心理

权威人格是以崇拜权威为特点的变态人格，表现为认同权威，不愿独立思考和决策。一种民间迷信或者草根宗教获得正统地位后，往往会吸引大量有权威人格的信徒。在今天，有此类人格的人也更容易盲目相信"名人"传播的各种现代迷信。

与其类似的心理现象是从众心理，个体在群体压力下不知不觉与多数人保持一致。有的只在行为上与大家保持一致，内心观念并不相同。有的在观念上也保持一致，但并非出于理性思考，只是觉得与他人一致才有安全感。

在古代，从众心理是迷信传播的重要土壤。因为大家都拜神，所以我也拜神。今天，出生于宗教家庭，生活在宗教社区的人，也会因为从众压力而求神拜佛。不少宗教都提倡聚众举行宗教仪式，而不是由信徒在家里单独举行，就是希望借从众心理对个体信徒造成精神压力。在美国，一些无神论者甚至在从众心理支配下不愿意公开自己的信仰。

投射心理

将自己的思想、态度、愿望、情绪、性格等个性特征不自觉地附加在客观事物上，这种现象称为投射。比如爱一个人，就认为他什么都好；讨厌一个人，就会放大他的缺点。"先入为主""有色眼镜"等词汇都用来描述投射心理。

虽然投射心理现象早就被人们所体察，但是直到1939年，心理学家弗兰克才提出投射心理这个概念。心理学家利用投射心理制订出多种投射测验，用于考察个性心理特征。

迷信传播也会利用投射心理，放大投射心理。在其支配下，宗教信徒总能从身边找到对自己有利的证明，甚至会扭曲各种信息，以符合自己的信念。

刻板行为

刻板行为是指随意的、反复的、无意义的行为。它不会带来实际收益，但会缓解紧张情绪，制造精神安慰。在圈养动物身上普遍存在着刻板行为，儿童中刻板行为也很常见。在强迫症、自闭症等心理疾患中，刻板行为更是主要症状。

健康成年人自制力强，更为理性，刻板行为大大减少。但不会有人完全戒除，多少都会保留一些，比如吃东西要吃双数，跨门槛时必须先迈哪只脚等。

各种宗教迷信仪式最初起源于某些刻板行为，它们本身也是刻板行为，既不能治病，又不能减灾，仅仅能形成心理安慰。社会上存在大量低知识阶层，他们需要通过刻板行为缓解心理压力，很容易接受宗教仪式。对这些人来说，教义并不重要，通过履行仪式带来心理安慰更有吸引力。

集体癔症

群体中不同成员的行为会互相影响。比如在课堂上一个学生咳嗽，会引起其他同学咳嗽。同班女生相处日久，月经周期会趋向一致。

当群体成员之间非理性行为互相感染时，就会暴发群体性的歇斯底里，比如一起哭、一起喊、一起手舞足蹈。参与者声称自己停不下来。这些都是宗教仪式中常见的现象，传播者将它们解释为信仰的力量，或者高级能量等。

而经常参与迷信仪式，体验过集体癔症的人，也会对说服劝解视如无物，他们认为自己真实地看到了神或者超能力。

心身反应与安慰剂效应

某些心理活动会在生理上产生相应反应，称为心身反应。医学界早就观察到这种现象，称之为安慰剂效应。为了避免这种效应，医药研究中要设置对照组，让他们服用安慰剂，与真实药物的作用进行对照。

人类群体中有些人的心身反应更强烈，迷信传播中那些信仰治病、发功治病的事例，其中不少都是心身反应。然而，要厘清它们当中哪些是心身反应，哪些是纯粹的骗局，更需要真正地实地研究，不能闭门造车，搞理论推导。

精神病理现象

以上这些现象都是正常心理现象。精神病理现象与宗教迷信的关系更密切。在古代，精神病往往不被视为疾病，一些如幻听、幻视之类的精神病理现象往往被赋予宗教意义，或被视为神明降身，或被看成魔鬼附体。这些事例很容易作为宗教迷信的宣传材料。

心理学家做过感觉剥夺实验，被试的视、听、嗅、触等基本感觉被剥夺后，很快就产生各种幻象。由于有危险性，这类实验通常时间不长。

而一些宗教迷信流派为追求幻象设计了很多修炼方式，比如要求信徒与世隔绝，尽量不接收客观世界的信息，要求信徒长时期冥思苦想和忍饥挨饿等，期待他们出现幻觉。这些方式实际上是人为诱发精神病的过程。

药物致幻

在远古时代，使用药物产生幻象，就是宗教修炼的基本方法之一。到了近现代，由于工业技术的发展，利用生物或者合成物制造出大量致幻剂，并在一些国家广为流行，成为迷信现象的又一动力。

值得一提的是，致幻剂造成的幻象也在"与时俱进"。在美国，每天都有数百人报警声称遭遇外星人，其中绝大部分都是由于吸毒后导致的幻觉。

迷信现象研究趋势

宗教从历史上源于人类的恐惧心理。对于迷信现象，心理学是最为对口的科研领域，甚至没有之一。大量的个体迷信现象都可以通过设计实验、现象录像、仪器记录、统计显著性等手段进行研究。

对于目前一些流传甚广的迷信现象，比如转世、赶尸，只有调查记者或者自媒体人进行记录。而那些媒体人出于吸引眼球的需要，倾向于将它们包装成真实发生的事情，并且只有人证，没有实物记录。这些案例中也没有心理学家到场进行研究，导致公众舆论中都是神神鬼鬼的信息。

20世纪90年代后期，特异功能热在中国退潮，一个重要原因就是科学界始终无法证实这些现象。虽然单靠科学研究不能彻底解决迷信问题，但它却是解决问题的开端。

作为一个较好的开始，最近有些专业论文以迷信的心理基础为内容，但只是介绍国外相关研究，尚未有自己的实证研究。当然，著书立说最为经济，实证研究总得要花钱，这种现象说明心理学界仍未将这一课题纳入规划。

尴尬的是，虽然心理学家有避嫌的想法，但是"心理"这个词听上去很接近"心灵"或者"灵魂"，一些兜售现代迷信的人往往会借用心理学的理论或以心理学家的名义为自己辩护。

弗洛伊德（S. Fred）和荣格（C. Jung）首当其冲受害，一些打着精神分析或者荣格学会名义的组织，在会场上挂起"祖师"的像，将其基本理论教条化，从内容到活动形式很像是"准邪教"。而弗洛伊德和荣格本身是严谨的科学家。

另有一些自立门户的"心理大师"，他们频繁出没于媒体，甚至国家级媒体。这些人并没有接受过心理学训练，有些人甚至没有读过大学。他们将东拼西凑搞出来的"心理学理论"拿到社会上贩卖。

心理科学界虽然从未承认过这些人的"成果"，但在一些由商业机构组织的心理学活动中，这些民间"大师"却与心理学家并列在座，干扰视听。

与其不闻不问，甚至被利用，心理学界不如抛开顾虑，对典型的迷信现象进行实地调查，或者实验室检验，在反对迷信和伪科学事业中贡献出本学科的力量。

即使不能对每个迷信现象都做实证研究，至少要对一定时期内社会影响较大的案例进行研究。哪个领域不去做研究，不掌握第一手资料，哪里就容易成为迷信和伪科学传播的天堂。

（本文作者　郑军）

参考文献

［1］皮亚杰. 智力心理学［M］. 严和来，姜余，译. 北京：商务印书馆，2016.

［2］加德纳. 日常生活心理学［M］. 北京：中国人民大学出版，2008.

［3］朱祖祥. 工业心理学大辞典［M］. 杭州：浙江教育出版社，2004.

科学理性与迷信行为

迷信行为是自原始社会就存在的社会心理现象。随着人类社会不断进步，迷信行为的表现形式也在不断发生着改变，但是总体来说，迷信行为都是基于对超自然力量和理解能力之外力量的盲目相信与崇拜，其本质是对"外力"不切实际的期望。随着现代自然科学体系的建立与完善，不断发展的科学知识和原理对一些神秘现象做出了解释，从根源上瓦解了某些迷信行为，科学成为揭露迷信现象的有力武器。历史上，很多迷信行为也正是在科学的发展中不攻自破的。对迷信成因的研究发现，心理与环境因素都是迷信行为产生的重要根源，非理性是其重要特征。因此，在消除迷信行为的过程中，科学理性思维显得尤为重要。

迷信行为与科学

人类社会产生至今天，迷信行为一直存在。西方早期心理学研究认为"迷信就是将原本没有联系的现象或事物看成具有因果关系"，我国通常使用封建迷信来指一种非理性、无根据地相信神仙鬼怪等的行为。一般来说，迷信是指信仰一种超自然的因果关系，即认为没有任何自然联系的两个事件之间具有因果性，像占星术、宗教中的预兆、魔力和预言等与自然科学相悖的某些特定部分。迷信的最初形态源自原始信仰或者巫术。由于知识和认识能力有限，原始人对自然现象无法解释，因此在一些行为与自然界之间建立简单的因果联系，希望通过膜拜或者其他行为来改变自然现象。弗雷泽在《金枝》中认为，巫术赖以建立的原则分为两类："第一是'同类相生'或果必同因；第二是'物体已经互相接触，在中断实体接触后还会继续远距离的互相作用'"，并将其分别称为相似律或者接触律，由这两类原则产生了相似巫术和接触巫术。本质上，巫术都认为两个现象之间具有内在的因果联系。巫术就是原始人基于这两点错误的认识基础而采取的虚妄的控制自然的办法。

科学是人类认识自然界的活动，并在此实践活动中逐渐形成的知识体系。从追求对自然界的理解来看，科学与巫术目的相同，都是希望找到事物之间的规律与联系。弗雷泽认为巫术与科学更为相近，因为与科学类似，巫术也相信有一种内在的因果逻辑。不同的是，科学通过一系列程序或方法，得到可重复检验的结果。但是巫术则基于推测作为解释现象间联系的方式，进而发展成为迷信行为。因此，迷信行为就是建立在错误的因果逻辑之上的非理性行为。

在自然科学体系逐渐建立和完善后，科学知识和原理成为解释迷信现象的一种重要途径。科学与迷信的关系表现为如下形态：即随着科学技术的发展，人们可以利用科学知识或原理解释一些迷信现象，但是随之又会有新的迷信现象和行为出现，科学和迷信始终处于共存状态。在此过程中，随着近代科学的产生还出现了另一种与迷信相似的形式——伪科学。伪科学把没有科学根据或者被证明为不属于科学的东西看作科学，是以科学的形式出现的迷信行为。当前社会，很多迷信行为不是以简单的形式出现，而是以迷信、宗教、伪科学等交织在一起的状态出现。

迷信行为产生的原因

迷信的存在有深刻的社会和认识根源，心理原因和环境是两个重要因素。心理学中的精神分析理论、操作性条件反射理论、归因理论、心理暗示作用都可以部分解释迷信产生的心理根源。

按照精神分析的观点，无意识是迷信产生的根源。在弗洛伊德看来，宗教迷信是投射的结果，即人把自己行为中并没有意识到的动因转移到外界中。迷信的人"对偶发的错误行为的动机一无所悉，他相信精神生活里有所谓偶然或意外，所以他不免就常在外在的偶然事件中寻找其'意义'，在己身之外追寻神秘的天机"。

行为主义心理学家斯金纳（B. F. Skinner）使用操作性条件反射理论对迷信行为进行解释，认为迷信是偶然强化的结果，是操作条件反射。他在《鸽子的迷信行为》中指出，在鸽子看来，强化物一定和某一行为相联系，只要呈现强化物，就总会强化某种行为。当反应和强化物之间只有偶然的一次联系，由此而形成的行为就是迷信。也就是说，迷信行为是人们强化了某种偶然相联系的结果，在个体的某种行为后伴随着一种强化物。通过分析自然选择中的因果关系发现，迷信行为是所有生物，包括人的一种自适应特性，也是一种必然的行为。

在归因理论看来，迷信是对信仰及行为中未知因素的恐惧，对无法重复检验的行为间赋予了因果联系，由于人们在复杂的事物之间建立了荒谬的因果关系，进而导致归因偏差。而从心理暗示角度来看，迷信往往是在个体无法把握未来事件发生的情况下产生的，这种不可把握性容易使人产生危机感，导致人心理失衡，使个体不得不求助于外界某些能"预测"自己未来命运的载体，以安慰自己，达到心理平衡。而迷信有其特定的心理安慰功能，它能降低人们的心理失调程度，减轻心理焦虑，成为人们适应社会和求得生存的一种途径。总之，从人类的心理发展过程来看，只要人一直处于理解世界的过程中，迷信行为就不可能消失。

迷信行为的产生不仅与个体心理原因紧密相关，还受外部环境的重要影响。首先，影响迷信行为产生的外部环境是教育。从教育程度来看，通常认为，教育程度越高的人越不容易产生迷信行为。从受教育的不同学科背景来看，自然科学背景的人与社会科学背景的人相比，更不容易相信超自然现象。其次，人们面对的环境越是不确定，越是不可掌控，其行为本身就越趋向迷信。马林诺夫斯基在考察特洛布里恩（Trobriand）岛上的岛民捕鱼行为时发现，岛民去不可预知的、危险的海洋出海时，他们会进行复杂的迷信仪式，但是在浅海和静水中捕鱼时不会有迷信行为。这意味着，人们更倾向于借助迷信来处理一些不可预测的事件，但是对于那些依靠个人能力可以控制的事件，人们并不去诉诸迷信行为。从迷信行为的心理和环境影响因素来看，无法对心理和环境进行准确把握，是导致迷信这一非理性行为的重要原因。

非理性与迷信行为

迷信是非理性的行为。当我们客观地和科学地审视迷信时，就会发现其非理性的特征。

首先，迷信行为无法证实或证伪。其次，在一些迷信行为中，我们无法找到物理和心理的证据，更不能从中发现科学的证据。但是，很多时候，迷信行为当事人却并不认为它是非理性和不可理解的行为。迷信行为之所以是非理性的，是因为其信念基础违背了当下的科学事实。而与之相对应的理性，则是基于事实进行推理，是人类行为的重要准则，意味着合乎逻辑性。

理性起源于古希腊，古希腊人认为自然界是有规律的，人不但是感觉的存在物，而且具有理性。人在感知自然界的同时，也能理解自然规律，这种认识就是理性精神。17世纪的哲学与科学的兴盛弘扬了理性主义精神，并表现为一种普遍的怀疑精神和经验主义。科学理性在启蒙时期发挥了重要的作用，凸显了人在认识世界中的核心地位。启蒙时代的智者试图以理性来构建一个宽容、和谐的理性时代，这一理念一直延续到今天，科学理性仍旧在人类社会中占有重要的地位。

科学理性在科学研究中具体表现为严密的逻辑、严格的推理、严谨的求证和严肃的实验。这些理性活动，既包括与感性思维活动相对应的概念、判断和推理，也包括从辨别是非、利害关系上来控制自己行为的自觉能力。科学作为一种求真的理性活动，不仅表现在它要用理性方法去掌握感性材料并提出一定的理论，还表现在从组织和设计实验，进行观察测量一直到检验理论，每个环节都离不开理性的指导和控制。这与迷信有着本质上的差别。从科学史的角度看，科学的诞生就是人类理性战胜迷信，或者说是用理性分析的态度取代盲目崇拜的结果。在与无知和盲信等一系列迷信行为进行斗争的过程中，人们以科学理性作为迷信的对立面。同时，人们也都认同科学理性是克制迷信的重要力量，这就要求人们使用逻辑推理等形式对迷信行为进行分析。

在迷信行为和伪科学存在巨大生存空间的同时，还有一类对科学本身质疑的行为，同时表现出非理性及迷信的特征。许多在科学研究领域看来没有争议的事实，却在社会上、公众间造成非常大的争议，而且这些质疑科学的人中，很多并不是没有知识的人。这些人坚持"全球变暖不存在""进化论没有发生""疫苗会造成自闭症"等显而易见的错误言论。

很多时候，即使科学界已经对一些有争议的话题给出了有力解释，但很多人仍愿意相信错误的事实。以疫苗事件为例，1998年，英国肠胃病学家安德鲁·韦克菲尔德的研究小组在《柳叶刀》发表了一篇论文，认为麻风腮疫苗引发了孤独症，随后引发了一场公共健康安全的大恐慌。之后，科学界发现这一论文使用本身患有孤独症的儿童作为被试对象，存在造假行为，撤销该论文，并在刊物和媒体上专门就此做出解释。但是，疫苗和自闭症之间带有关联性的观点却在公众中流传，甚至通过一些传播方式被强化。人们更多地选择愿意相信疫苗与自闭症之间存在关联。这类对科学的质疑，源于我们在接受科学知识的同时，却没有将科学理性与科学精神贯穿于其中。

（本文作者　王丽慧）

参考文献

［1］MALLER J B, LUNDEEN G E. Sources of superstitious beliefs［J］. Journal of Educational Research, 1933（26）：321–617.

［2］弗雷泽. 金枝［M］. 徐育新，汪培基，张泽石，译. 北京：中国民间文艺出版社，1987：20–21.

［3］黛安娜·莫，雷·斯潘要贝格. 科学的旅程［M］. 郭奕玲，陈蓉霞，沈慧君，译. 北京：北京大学出版社，2008：4.

［4］NSF. Science & Engineering Indicators. Chapter 7: Science and technology: public attitudes and understanding［EB/OL］.［2015–10–12］. http://www.nsf.gov/statistics/seind14/index.cfm/chapter–7/c7h.htm. 25–26.

［5］任福君. 中国公民科学素质报告（第二辑）［M］. 北京：科学普及出版社，2011：19.

［6］何薇，张超，高宏斌. 中国公民的科学素质及对科学技术的态度——2007 中国公民科学素质调查结果分析与研究［J］. 科普研究，2008（6）：8–36.

［7］陈永艳，张进辅，李建. 迷信心理研究述评［J］. 心理科学进展，2009（1）：218–226.

怀疑论漫画：对科学、魔术、神秘现象的新解读

　　漫画、动画等都是创作的重要表现形式。漫画以其新颖夸张的表现形式深受读者欢迎，一直是科学传播的重要方式。在科学探索领域，也有人使用这种奇妙的视觉叙事形式尝试对超自然现象进行理性分析。理查德·怀斯曼（Richard Wiseman）、乔丹·科沃（Jordan Collver）和瑞克·沃斯（Rik Worth）合作，在 YouTube 账号 Quirkology 上创作并推出了一些形式新颖且引人注目的视觉漫画，受到读者的欢迎。他们 3 人分别是科普作家、插画师和作家。怀斯曼是科普作家，关注科学知识的普及，也对怀疑论感兴趣；而科沃和沃斯则有专业上的优势，专门使用图形艺术和漫画来传播科学。因此，他们创造性地使用漫画的方式来引导和带动人们对怀疑论和批判性思维的理解。

　　长期以来，超自然现象有着广泛的吸引力，公众普遍对各类超自然现象都很关注。怀斯曼等人在研讨的基础上，决定创作一部关注看似不可能的现象的漫画，将灵媒、鬼魂、预言、转世等内容用别样的方式展示出来。与许多关于超自然现象的其他杂志不同，他们的漫画设计以一种更加理性和怀疑的方式来讨论这些话题。

　　第一期电子杂志命名为《小把戏》（*Hocus Pocus*）。这期杂志主要描述了读心术。其中一个故事中，读者穿越到过去，见到维多利亚时代著名的

读心术表演者华盛顿·欧文（Washington Irving）主教。在表演中，欧文邀请一名观众上台，将某件东西藏在会场中。接着，欧文握着这个人的手腕，让他心里想着藏东西的位置，然后欧文带着这个人准确地找到了所藏的东西。1889年，在纽约的一场演出中，欧文忽然昏迷并死亡。第二天，医生对欧文进行尸检，希望弄清楚他那非同寻常的大脑。不幸的是，欧文显然患有中风。他随身携带一张卡片，上面写着在他死亡后48小时内，不得对他进行尸检。《小把戏》杂志讲述了欧文非凡的故事，并分析了他是如何察觉到观众做出的微小无意识动作（被称为动意动作），并通过这些动作找到藏东西的地点的。

第二个故事则聚焦超心理学先驱约瑟夫·班克斯·莱茵（Joseph Banks Rhine）。莱茵认为，他的研究结果支持超感官知觉（Extra Sensory Perception ESP）的存在，但怀疑论者则认为莱茵的实验设计不当。

第三个故事是关于20世纪20年代的一名叫亚历山大（Alexander）的骗子和魔术师的故事。亚历山大站在舞台上，但似乎能够神秘地洞悉观众内心深处的秘密。事实上，亚历山大利用了几种方法，可以发现观众们的信息，包括在剧院洗手间的镜子里安装秘密监听装置。

研究表明，无论是观看还是表演魔术，都能提高公众的好奇心和参与度。通过更有趣味性和互动性的方式让观众了解超自然现象是一种非常有效的途径。在《小把戏》中，漫画更具互动性，在第一期中，作者将其分成技巧、幻觉和演示等不同部分。例如，文中会向读者展示检测动意动作的简单方法，邀请读者测试欧文的推理能力，接受亚历山大的心灵解读，并参加莱茵的实验。怀斯曼等人还制作了可免费下载的小册子，提供给那些对漫画感兴趣，或者对深入研究超自然现象有兴趣的人使用。小册子详细地介绍了这些故事的背景和细节，并对故事中各种现象背后的心理学和科学原理进行了深入分析。

怀斯曼等人并不是率先制作怀疑论漫画的人。20 世纪 40 年代末和 50 年代，魔术师比尔·奈夫（Bill Neff）的漫画中就揭露了各种通灵骗局和技巧。例如，在漫画《打破幽灵》中，奈夫揭穿了幽灵桌悬浮的原理，解释了一些读心特技。这是一种魔术技巧，能够呈现一种视觉错觉，让读者有看到鬼魂的感觉。同样，在《滑稽拍摄队》中，奈夫揭露了一些使用灵媒来欺骗人的骗局。上面提到的 2 本漫画都非常受欢迎，也吸引了大批的读者。

怀斯曼等人的漫画于 2020 年年初推出，已经在互联网上获得好评。有评论家称它是"非常神奇的读物"，也是"我们今年读过的最具创造力和魅力的漫画之一"。在超自然领域，还有非常多的问题值得深入分析，也能通过从怀疑论视角分析来解答读者对现象的疑惑。漫画是非常视觉化的、高度沉浸式的、娱乐性的。因此，它们吸引了不同年龄层的人，吸引了不同的观众。此外，一些研究表明，漫画是传播科学和数学的一种很吸引人的方式。

从上文对怀疑论漫画的分析中我们看到，以漫画方式讲述故事的时候，具体知识和叙事方式可以制造出一些扣人心弦的悬念，形成一定的矛盾，把具体知识和事件编织成悬疑类型的故事，这样呈现出来的故事和知识表现流畅，能够激起读者的好奇心，加深读者对其中知识和事实的印象。因此，在科学传播领域，利用漫画生动活泼、可读性强的特点，可以形成一系列吸引读者的科普作品，丰富科学探索领域的作品传播形式，获得良好的传播效果。

（本文编译者　张羽）

参考文献

［1］WISEMAN R. Hocus Pocus：bringing skepticism to new audiences via comics［J］. Skeptical Inquirer，2020，44（4）：12-14.

［2］FARINELLA M. The potential of comics in science communication ［J］. Journal of Science Communication，2018，17（1）：6–7.

［3］WISEMAN R, Watt C. Achieving the impossible: a review of magic–based interventions and their effects on wellbeing ［J］. PeerJ，2018（6）：6081.

［4］WISEMAN R，Watt C. Conjuring cognition: a review of educational magic–based interventions ［J］. PeerJ，2020（8）：8747.

［5］曾文娟. 科普动画叙事策略与形象塑造研究 ［J］. 科普研究，2019，14（1）：20–29.

"贝尔女巫"事件探疑

"贝尔女巫"一度被称为"美国最著名的灵异事件"。该事件讲述的故事发生在 1817—1821 年的美国田纳西州。关注灵异事件的读者对该事件非常感兴趣，更有相信灵异事件的人认为这是"全球最大悬案和神秘事件"，比 18 世纪早期的埃普沃思教区灵异事件还要著名，并称贝尔女巫事件是唯一得到官方认可的事件。根据这一事件曾经衍生出一些作品，但是关于事件的真实性也一直争论不休。美国人不但以此为主题拍摄了电影，甚至在流传中的事件发生地点还立起了一块石碑，将之打造成了旅游景点。

当然，大部分理性的读者并不相信这件事，认为根本没有所谓的女巫，事情大部分情节都是编造的。在他们看来，那些强调这件事为真的人，根本解释不了事件中的关键性内容，可见大部分都是臆造的。美国国际科学探索中心的乔·尼克尔①一直对灵异现象感兴趣，针对世界上许多所谓的灵异事件都做过考察，他也对贝尔女巫事件进行了深入调查，并亲临现场勘

① 乔·尼克尔（Joe Nickell），怀疑探索委员会（Committee For Skeptical Inquiry，简称 CSI）资深研究员，《怀疑探究者》杂志（Skeptical Inquirer）"调查档案"专栏作家。他曾当过舞台魔术师、私家侦探和教师，出版过多部著作，包括《探寻图林谜团》（Inquest on the Shroud of Turin）、《钢笔、墨水与证据》（Pen, Ink and Evidence）、《未破解的历史》（Unsolved History）以及《超自然现象调查历险》（Adventures in Paranormal Investigation）。他曾多次参与电视纪录片的录制，《纽约客》杂志和 NBC《今日秀》节目都对他进行过专访。他的个人网站是：joenickell.com。关于贝尔女巫事件的调查刊登在《怀疑探究者》2014 年第 1 期。

察了流传中的事件发生地。那么，具体的事件到底是怎么回事呢？

事件缘由

约翰·贝尔（John Bell，1750—1820）一家是这一事件的主角，他们定居在田纳西州罗伯逊郡的农场。根据他们的陈述，自从他们搬到农场不久后就深受如今所谓的女巫闹鬼现象折磨。1894 年，克拉克斯维尔的一位名叫英格拉姆（M.V. Ingram）的报社记者对约翰·贝尔的叙述进行了大量增补，并形成了报道。有记载的关于贝尔女巫的最早说法出自老约翰的儿子理查德·威廉姆斯·贝尔（Richard Williams Bell，1811—1857），根据他在 1846 年的说法，老约翰家一直饱受闹鬼现象折磨。

根据流传下来的材料，1817 年左右老约翰在农场工作时，突然看到一个怪异的不知名动物——兔头狗身。他扔了一块石头，打中了这个东西，然后这个怪异的动物消失不见。自此之后他们一家人就开始遇到各种怪事，例如，听到神秘的敲门声和其他敲打声，3 个孩子一觉睡醒后发现遇到"鬼剃头"，枕头床罩都被掀起来，等等。根据约翰的说法，几乎每天晚上都有新的情况出现，老约翰的女儿伊丽莎白（也叫"贝琪"）当时 12 岁，她碰到的麻烦最多，如经常被拉扯头发，后来家人还把伊丽莎白送到过好几个邻居家，但是没什么变化，麻烦同样还是缠着她。老约翰遇到这个问题后不堪其扰，就将困扰告诉了好友，随后幽灵开始回应疑问，最初是通过敲击声回应，随后是开始低语、唱歌，然后用微弱的声音讲话。后来，讲话的声音越来越大，贝尔一家经常在夜里被吵醒。越来越多的人知道贝尔一家闹鬼的事，甚至据说安德鲁·杰克逊将军听到贝尔女巫一事后并不相信，1819 年还亲自到贝尔家的农场里和女巫"会面"[1]。

① 这已经被证实是假的。

这一事件在美国非常有名，基于这一事件的文艺作品层出不穷，包括以事件为主题的小说、电影。在田纳西当地甚至还立了一块石碑，记录当地是事件发生地，吸引了很多有兴趣的人去参观。

下面，我们可以看一下尼克尔如何通过怀疑探究的思路来分析这一事件的。

对丢失宝藏的宗教隐喻分析

在流传下来的记录中，女巫在恐吓了贝尔一家后，事件发展得越来越极端。女巫讲话的声音更大了，甚至还把附近一座年代久远的坟墓里的死人头骨和其他骨头带回来，女巫说自己很久前把"宝藏"埋在这里，是早期的一位移民的灵魂。女巫在人们的恳求下，说出自己把宝藏埋在农场"西南角"一眼泉水附近的"大石头"下面。很快，一群男人便从这个地方动起手来，并最终挪开了石头。然而并没有发现宝藏，于是他们继续往深挖，直至挖出了一个"六英尺①见方、六英尺深"的地洞。结果他们仍然一无所获，并受到女巫的嘲笑。除此之外，贝尔还讲到了女巫的其他奇事，其中包括攻击老约翰本人。有一次，他先是一只鞋突然被踢飞，等把这只鞋捡回来后，另一只鞋又飞出去了。

尼克尔是如何从这些材料里来揭示秘密的呢？他将这些看似不合情理、毫无意义的叙述和共济会的重要教义联系起来。神秘主义者亚瑟·爱德华·韦特（Arthur Edward Waite）在他的权威著作《共济会新百科全书》（*A New Encyclopedia of Freemasonry*）中，给共济会下的定义是"一套隐藏在寓言、象征诠释之下的道德体系"。他认为在共济会的故事和仪式当中，"最重要的是隐藏在寓言背后的深意"。因此，尼克尔认为，在共济会中最

① 1英尺 =0.3048 米。

43

深层的精神关注点是"死亡之谜"，相应的"共济会成员被教授如何死亡"，所利用的象征就是骷髅和坟墓。共济会的神秘拱顶象征与坟墓、埋藏的宝藏和遗失的秘密有关。贝尔女巫藏宝故事看上去充斥着共济会的象征主义。宝藏位于农场"西南角"，与共济会会址的"西南角"相呼应。在上面故事的结尾，最离奇的事件是老贝尔的两只鞋接连被踢走，明显代表着共济会的脱鞋仪式。在另外的故事当中，人们号称和女巫握过手，这也暗示着共济会的秘密握手仪式。

对作者身份的探究

按照尼克尔的分析，除了上面所说的共济会的标志，撰写这一故事的作者英格拉姆也与共济会密切相关，而不仅仅是简单的巧合。根据他的考察，英格拉姆写的其他故事，也都存在与共济会相关的暗示，甚至与描写贝尔一家的事情夹杂在一起。其实，英格拉姆是一位资深的共济会人士。根据他的讣告，他于1909年"在共济会的支持下"安葬。尼克尔认为，是英格拉姆在以贝尔的身份进行写作！

大约在1891年之前，所谓的贝尔手稿并不存在，目前市面上流传的书籍和著作，根本找不到原来的手稿。最初的版本出现时，就是记者英格拉姆所写的那些文字。

首先，"贝尔"的叙述据传由一篇"日记"扩充而来，并在1846年查漏补缺，但是日记试图叙述的是几十年前的事情，其中包含许多明显的年代错误。例如，日记写作的风格中有明显的现代唯灵论的风格，而唯灵论则是直到1848年后的几十年才开始发展起来的，1846年前根本不可能出现相关的论述。

其次，英格拉姆的书中还有关于私家侦探的许多描述，但是侦探这个词直到 1840 年才出现，对于贝尔日记中记录的 1817—1821 年来说，明显年代上不合理，而且"侦探"这个词当时在英国是做形容词使用。大约 1853 年，美国才最早将其作为名词使用。当时，艾伦·平克顿（Allan Pinkerton）创办了美国第一家私人侦探公司。显然，词语使用风格上的这些痕迹，表明所谓"贝尔"的叙述完成于非常晚的年份，推测作者是英格拉姆显然很合理。

同时，英格拉姆特色鲜明的表述方式与"贝尔"日记的风格非常雷同。在对文本的对比中，尼克尔发现，两个人都将事件称为"尽情狂欢"。"贝尔"认为这些事件代表着"最伟大的秘密"和"最大的神秘之事"，而英格拉姆则称其是"这最伟大的秘密之事"和"全世界所记录最伟大的秘密和奇迹"。"贝尔"日记内容与英格拉姆的描写，还有很多雷同之处，二者都将一个人的面部特征称为"面相"；对老约翰·贝尔的描述也如出一辙。"贝尔"写道，"他总是很节俭，现收现付"，英格拉姆写道，"他现收现付……总是很节俭"。当然，可以说英格拉姆仅是受到了贝尔的影响，但英格拉姆还在其他地方使用了"forehanded"这个相对特殊的词来表示节俭。

"贝尔"和英格拉姆的文风还有相似之处，比如段落都会很长，能达好几页，文本中都有一些多达 100 多个单词的长句。另外，最让人怀疑的地方在于，虽然"贝尔"是一个农场主，但他所写的文章却有大量学术词语，出现了一些受过专业训练的人才会使用的词语，比如人格化（personalization）、雄辩（declamation）、喧嚣者（vociferator）、善行（beneficience）、幸福（felicity），等等。农场主的语言风格和作家英格拉姆如此相似，是非常令人怀疑的事情。

另外，根据尼克尔的考察，"贝尔"的文本中，常常宣扬《圣经》和基督教教义，英格拉姆的写作手法也是如此。他们都使用"从人身体出来后进入猪身体"的恶灵、"来自深渊"的魂灵等《圣经》故事中的表述，充满了与共济会相对应的隐喻。还有其他一些写作风格也非常相似，表明两个文本是由同一作者创作的。例如，两个文本都经常把"我"说成"我自己"；两个文本同样都使用了大量逗号来连接文本；还有很多相似的标点符号使用错误，以及相似的主谓语不一致。

通过使用标准的"可读性公式"（即基于单句的平均长度与三音节和四音节词的数量分析文本的文风）对两人的文本进行分析发现，农场主"贝尔"的文字水平与英格拉姆不相上下。他们读懂或写出这样的文章都需要接受 14 年左右的教育。在尼克尔看来，这两个人受教育年份不仅相当近似，而且受教育水平相当高，都达到了大学二年级的水平。这在英格拉姆那里不足为奇，但对农场主"贝尔"来说，似乎难度非常大，即便一个非常有文化的农场主，也不大可能与作家如此相似。

根据两文之间所有这些相似之处，以及其他蛛丝马迹，尼克尔推测英格拉姆可能就是"贝尔"。

民间故事还是伪民间故事？

根据上述的分析，基本可以判断出贝尔女巫事件并不是真的。但这并不是说整个"贝尔女巫"的故事都是伪造的，尼克尔认为我们应当警惕，故事的主体部分有可能大部分是杜撰的。他发现，英格拉姆所写的一些其他部分也值得怀疑。例如，英格拉姆宣称《星期六晚报》(*The Saturday Evening Post*) 就"1849 年"的事件发表过长篇报道，但国际科学探索中心图书馆负责人蒂姆·宾加 (Tim Binga) 在网上检索后，发现 1849 年（所有期刊都是完整的）根本没有这样一篇文章，在 1840—1860 年（这期间有部分期刊遗失了）也没有发表过这样的文章。前面还提到的流传的安德鲁·杰克逊将军视察贝尔农场一事，是由田纳西一位律师流传下来的，但历史上却查无此事。

尽管有些人认为这个故事根本就是"传说"，通过对流传下来的文本分析发现贝尔与英格拉姆的相似，说明故事是"虚构来的"，但基本的故事确实发生在早于英格拉姆 1894 年成书之前的几年。尼克尔发现，故事的梗概在《田纳西古德斯比史传》（*Goodspeed's History of Tennessee*，1886）中有所记载：

> 约翰·贝尔一家于 1804 年定居在如今的亚当斯车站附近。他们一家发生了一件引发公众广泛兴趣的著名事件。这件事让人们异常兴奋，以至于有些人从好几百英里①的地方赶来，观看著名的"贝尔女巫"显灵。贝尔女巫据说是个有着女性声音和特征的鬼魂。虽然人们看不见她，但她却能够和人谈话，甚至还能和一些人握手。她做出种种神启之怪事，似乎专门要捉弄这一家人。她把糖从碗里拿出来，打翻牛奶，从床上扯下被褥，对孩子们又打又掐，然后嘲笑被她吓得惊慌失措的受害者。一开始，人们以为她是个善意的幽灵，但她之后的一系列行为，以及她做出的一系列诅咒，却让人们觉得恰恰相反……

尼克尔通过调查还发现，根据英格拉姆的说法，至少有 10 多个人都称自己在 1891—1894 年从可靠的人或者已故者那里听说过"贝尔女巫"的故事，甚至有人称看到过手稿。但他也提出，英格拉姆不大可能杜撰出这么多仍然在世的人的证词，或者这些人也不太可能全都蓄意欺骗。因此，他认为现在仍然很难说清当时发生过什么，也很难解释这些事。

但是，对事情的怀疑分析却可以继续。尼克尔通过英格拉姆的叙述，发现很多事情都是围绕着伊丽莎白·贝尔展开的。英格拉姆也承认，许多

---

① 1 英里 =1.609344 千米。

与伊丽莎白同时代的人当时都怀疑她，"认为她是神秘事件的始作俑者"，甚至给他提供证据信息的其他人也这样认为。那么这样一来，贝尔女巫的故事很像是孩子在搞恶作剧，通过一些动作和语言来引起人们的重视，尼克尔将这称为"扰灵伪装综合征"。从科学的发展和现实世界的既有成果来看，还从未有现实的证据能够证实鬼灵的存在，但由心理不正常的人和不成熟的人捏造出的闹剧却总是层出不穷。

（本文编译者　王丽慧）

参考文献

［1］NICKELL J. The 'Bell Witch' poltergeist［J］. Skeptical Inquirer, 2014, 38（1）: 13–17.

［2］NICKELL J. Real–Life X–Files［M］. Lexington: University of Kentucky Press, 2001.

［3］NICKELL J. Enfield poltergeist［J］. Skeptical Inquirer, 2012, 36（4）: 12–14.

［4］NICKELL J. The science of ghosts: searching for spirits of the dead［M］. NY: Prometheus Books, 2012.

［5］NICKELL J. Detective: uncovering the mysteries of a word［J］. Skeptical Inquirer, 2013, 37（6）: 14–17.

［6］异闻杂谈. 女巫作祟还是人为阴谋?［EB/OL］.（2018–10–30）［2020–12–21］, https://www.sohu.com/a/259223074_100284288.

占卜抽签的起源与发展

　　占卜是今天求签卜卦的源头。占卜活动在新石器时代就已流行于游牧部落中。当人们对奇妙的自然现象不可理解而惶恐不安，或对未来的事情不知如何处理时，便设置了一种方法，即占卜，用于预测吉凶和一些难以决断的事情，希望借用这种神秘的手段来打开部落和个人心存的疑虑。

　　人们最初占卜用的是兽骨。中国古代有相关的传说，如黄帝与炎帝的后裔于阪泉之野大战前，黄帝占卜得了吉兆，于是大胜；伏羲氏治国时，龙马出现，背负八卦图，于是伏羲根据龙马背上的图案始制八卦；神农氏最初创制了用蓍草占卦；颛顼帝创立了玉兆；尧发明了瓦兆等。

　　卜，原指龟卜。龟是受原始社会崇拜的动物，古人认为它不但长寿而且有灵性。龟卜，就是烧灼龟甲，龟甲在高温下自然爆裂后裂纹的走向、长短被认为是神圣的旨意，以此来决定吉凶。由于烧灼龟甲时发出"卜、卜"的响声，故称为龟卜。

　　签，是取50根蓍草，去掉1根，变为49根，称为大衍之数，然后将蓍草按一定顺序，经过不同的排列组合形成卦，再按卦的卦词来预测吉凶祸福。君主们在办事前，总要事先卜签，来决定行动的取舍。

　　在安徽凌家滩曾出土了距今5000年前的精美玉龟，说明了古人对龟的崇拜及对龟卜的重视。到了商、周时期，特别是春秋战国时期，各诸侯国对龟卜占卦非常重视，使得龟卜迅速传播普及。

周朝时期，占卜活动非常兴旺。据《周礼·春官》记载，朝廷设立太卜、卜师等职官掌管占卜事务。当时的卜官具有很高的社会地位。

春秋战国时期，滕侯和薛侯去鲁国朝见鲁隐公。诸侯们来朝拜，鲁隐公自然感到脸上很光彩。但想不到二人在行朝拜礼的先后上发生了争执，即"争长"。据说薛侯的祖先叫奚仲，是黄帝的后裔，在夏代被封在鲁国薛县为侯，所以薛侯以此为由要先行礼。但滕侯毫不示弱，声称自己是成周掌管龟卜的最高长官"卜正"，同时薛侯为异姓，他不能在薛侯之后行礼。

如何解决行礼先后的矛盾呢？鲁隐公派了名为羽父的人劝说薛侯，大意是："承蒙你二人来问候寡人，非常感谢。但成周有句谚语说，山上有树木，工匠有权加以整治；宾客有礼节，主人有权加以选择。成周会见盟友时，早有同姓在先、异姓在后的规定，我们不能违反祖宗的章法。假如隐公有一天去朝见你，我决不会与你们同族诸侯争先后。"听了这段话后，薛侯也无可奈何，只好屈居于滕侯之后行礼了，说明当时的卜官具有一定的社会地位。卜官之下有卜人，主要协助太卜、卜师进行占卜。

上古时期的卜筮活动，涉及的内容相当广泛。它不但用于君国大事，也涉及各种自然现象和社会现象。不管占卜预测的内容如何，其设置的目的是在人们解决问题犹豫不决时作为一种辅助手段。

《尚书·洪范》中有这样一段记载，大意是："解决疑难的方法为选择善于卜筮的人，分别让他们用龟甲卜卦或用蓍草占卦，这样的人选定之后，便令他们进行卜筮。"

"卜筮的征兆如下：①兆形像雨一样；②兆形像雨后初晴时云气在空中一样；③兆形像雾气蒙蒙；④兆形像不连贯的云气；⑤兆相交错；⑥内卦；⑦外卦，共有七种。"

"前五种用龟甲卜卦，后两种用蓍草占卦，对卦爻的意义，要认真加以研究以弄清所有变化。任用这些人从事卜筮时，三个人占卜，应当信从其中两个人的判断。假如遇到了重大的疑难问题，首先自己要多加考虑，然后和卿士商量，再和庶民商量，最后问及卜筮。"

卜筮在商周时期已非常受重视，君主在选都城、立新君、进行重大军事活动时都有可能进行卜筮。一般来说，如果占得的是吉卦，则采取行动；如果不吉，则不轻举妄动。当然，有时候也不按占卜结果去做。

到了春秋战国时期，由于诸侯间战乱不断，那些崇尚迷信的国君在采取军事行动之前总要事先占卜来决定行动的取舍。如《史记·周末纪》记载：周公为测定都城，到了洛邑，占卜了黄河以北的黎水，不吉。接着占卜涧水以东、瀍水以西和瀍水以东，都得了吉兆，然后才定了都城。此后占卜的应用日益广泛，仅在《史记·龟策列卷》就记载了21种占卜的内容，如卜财物、卜买卖等。

汉代时期，卜筮有所发展。汉武帝时，巫师创制了鸡卜，汉武帝对鸡卜深信不疑，将其用于军队作战预测，于是引起南方鸡卜大兴。

据宋代范成大所著《桂海虞衡志》记载，南方鸡卜的占法是：以未长大的公鸡，抓住两只脚，烧香祷告所要占的内容。祷毕杀鸡，取下鸡两股骨洗净，用线捆好，把小竹杖插在所捆之处。然后手握竹杖再祀祷。左边骨代表占者，右边骨代表所占之事。最后看两骨侧面的细孔，直而正为吉，曲而斜为凶，大概有10余种不同的结论。

张良制作了灵棋，共12个棋子，分上、中、下掷来占卦。占卜师京房编撰了《京氏易传》，用阴阳五行之说，把自然界的灾异现象附会成人事变化、吉凶祸福的种种征兆，借此来宣扬"天人感应"的迷信思想，他还发明了钱卜。据《后汉书·东夷传》记载，当时的东夷（东部的少数民族）还有牛骨卜、牛蹄卜，即遇到重大疑难案件和军事行动便祭天杀牛，观察其骨、蹄来看吉凶。西戎（西部少数民族）还时兴羊卜，羊卜的方法是一种用火灼烧羊的髀骨，看其兆象，称之"死跋焦"；另一种方法是杀羊后视羊肠胃的通畅与否来定吉凶。

东晋南北朝时期，由于佛教的兴盛，用签占卜也发展起来。大多为竹制长条，上书编号。签中包括"签诗"和"卦象解说"等内容。抽签者任意抽取一签后，便根据签号查对签文，以定吉凶。抽签涉及功名、财禄、讼、病、婚姻等社会生活的各个方面。由于这种抽签方法比较简单易行，所以一直流传至今。

唐宋时期，占卜活动发展更快。不仅卜的方法多，而且卜的内容也多。唐代柳宗元被贬柳州时，曾写下了"鸡骨占年拜水神"的诗句。除鸡骨，有用鸡卵卜的。

《新唐书·西域传》上记载了一种鸟卜：十月份时，巫师们到山中，撒下糟麦等饵料，咒呼群鸟。如果有似鸡形状的鸟上钩，便剖开，观察，有谷物者翌年丰收，没有谷物者来年便有灾。

五代时期王裕仁在《开元天宝遗事》中讲述了"蛛丝卜巧"的故事：唐玄宗与杨贵妃每年到了农历七月初七晚上，便令捕捉蜘蛛于小盒中。天亮时，启开盒看蛛网，若织得密，便为巧，象征吉；若织得稀，便是巧少，不利。于是，民间纷纷效仿。

宋代的植物卜比较流行。周去非在《岭外代答》中记述了茅卜，方法是：卜人用手摘断茅草，取占者肘到中指尖的长度，然后祷求。范成大记载了一种苇姑卜，即用芦苇的茎秆分合为卜。

民间还有一种花卜，即数花为卜。辛弃疾的《祝英台近·晚春》词中的"鬓边觑，试把花卜归期，才簪又重数"，便是花卜的写照。被后人誉为"北宋五子"的邵雍，创立了易学的象数学派，以推衍解说自然和人事的变化，相传占卜书《梅花易数》就是他写的，在民间影响极广。

明清时期，占卜已发展到50种左右，如刀卜、卦卜、贝壳卜、木卦卜等。清代李渔在《蜃中楼》中记载了"耳卜",大意是:"世人有心事不明,往往于除夕之夜,静听人言以占休咎,谓之耳卜。我与伯腾姻缘未偶,曾约他今晚去听卜。"

纪昀在《阅微草堂笔记》中还谈到"衣襟卜",说是见人痛危时,家人暗剪其内衣襟一片焚之,如果灰中有白斑纹如篆体或大篆体笔画,此人难以继命;灰中无字迹者生。或者剪纸为被,其缝合处不用糨糊粘,而用秤砣捶合,如能缝合,此人必死,反之则生。

清代还盛行"金钱卜",又称"六爻课",用的工具一般是一只"课筒子",3个小铜钱(有的是用6只小竹牌),再加上一张八卦图。按照卦书,八卦有阴阳之分,阴阳各卦都有固定的干支、五行相配合。占卦时,问卦者说明所要问的事情,并摇着"课筒子",然后倒下小铜钱,由占卦先生根据倒下的小铜钱的正反面算卦、说卦,决定吉凶。如果各个小铜钱定卦后,算下来的阴阳卦的干支、五行等不相冲,就是好卦;否则便是凶卦、坏卦。这种铜钱占卦的方法一直沿袭到今天。

占卜萌生于人类文明的童年时期,在封建社会不断得以繁衍和发展,从国家的兴衰、个人运数然后到社会的各个方面,都有占卜的记载。直到今天,占卜算卦仍有一定的市场,表面上是为满足一些人的好奇心理,实际上是满足了算命师的敛财需求,为迷信活动鸣锣开道,与占卜的初衷已相去甚远。

(本文作者 姚昆仑)

参考文献

[1] 钱玄,等. 周礼[M]. 长沙:岳麓书社,2001.

[2] 王世舜. 尚书译注[M]. 成都:四川人民出版社,1982.

［3］李零. 中国方术概观（卜筮卷）［M］. 北京：人民中国出版社，1993.

［4］陈永正. 中国方术大辞典［M］. 广州：中山大学出版社，1991.

［5］雷庆. 中国神秘文化名著［M］. 延吉：延边大学出版社，1995.

［6］上海古籍出版社. 唐五代笔记小说大观［M］. 上海：上海古籍出版社，2000.

［7］上海古籍出版社. 明代笔记小说大观［M］. 上海：上海古籍出版社，2005.

［8］纪昀. 阅微草堂笔记［M］. 长春：吉林文史出版社，2017.

理性光芒篇

因为与人的整体本性相比，理性是神圣的，所以理性生活比起人类通常的生活也定然是神圣的。有些人竭力劝说我们作为人更应该考虑人的事情，要我们把眼光放在生死之上，我们不要去理睬他们这些人。不，只要可能，我们就要尽量向高处看，去考虑那些不朽的东西，并尽力和我们身上最完美的东西保持一致。能说明事物的本质特征就是最适合它的东西，能够使它尽情尽兴的东西。对于人来说，那就是理性的生活，因为原是理性使人成其为人。

——亚里士多德

演绎推理三段论：从苏格拉底的生死到韩春雨的论文

苏格拉底会死不是一个问题

英国著名文学家莎士比亚借哈姆雷特之口说过一句人类的困惑：生存还是死亡，这是一个问题。

在很多年以前，人的生存还是死亡，在演绎推理中，绝对不是一个困惑，而是一个明确的结论。亚里士多德让苏格拉底作为三段论演绎推理中的经典人物，一次次死去。

这个演绎推理三段论是这样的：

> 大前提：所有人都会死。
>
> 小前提：苏格拉底是人。
>
> 结　论：苏格拉底会死。

那么，怎么证明这个结论为真呢？通常会假设结论不是真的，即苏格拉底不会死，再倒推回去，得到与前提相反的结论，这叫归谬法。

如果苏格拉底不会死，那么苏格拉底不可能是人（因为是人都会死的），与前提苏格拉底是人自相矛盾。

或者，所有人会死等同于没有一个人会不死，如果苏格拉底是那一个特别的例外，拥有不死之身，那就找到了一个不死的例子，与没有一个人会不死自相矛盾。

苏格拉底的命不好，在演绎推理中无论如何难逃一死。好在苏格拉底真的已经死在了古希腊，不会因为大家诅咒他的命运跟我们打官司。

这下我们心服口服了：所有人会死，这是众所周知的事实；苏格拉底是人，也是众所周知的事实；苏格拉底会死，便是建立在众所周知的事实基础上，进行演绎推理之后必然成立的结论。

什么情况下苏格拉底会死是一个问题

在演绎推理中，要得出一个相反的结论，即苏格拉底不会死，通常有以下几种途径。

否定大前提。你说所有人都会死，你确信这个大前提是真的吗？哪怕只有一个人不会死，这个大前提就是错误的。比如说，你观察到的都是活在现世的人后得到的前提，你怎么知道那些活得比你长的人会死，或者那些还没有出生的人会死呢？有了这样一个人存在，所有人会死的前提被推翻了。苏格拉底不会死就成为一个特例。由于新技术的出现，有的人被冷冻保存，肉体得到了永生。所以，所有人会死这个大前提只是基于现实观察的归纳结果。

否定小前提。你说苏格拉底是人，你确信这个小前提是真的吗？比如，苏格拉底可能真的不是人，而是神，是外星生物，是在时间隧道中穿行的一粒尘埃。虽然从苏格拉底的外貌形体、言谈举止来判断，苏格拉底与那时的所有人是高度相似的，但没有人对苏格拉底做生理解剖，也没有人对苏格拉底做 DNA 鉴定，那么判断苏格拉底是人的证据并非是充分的。如果苏格拉底是人这个小前提不成立，接下来的推理也自然成立：苏格拉底不是那些会死的人类中的一员，就不会演绎出苏格拉底会死的结论。

直接否定前提和结论中的关键概念。什么是生，什么是死？这是个问题。你说苏格拉底会死，死是指肉体的死还是精神、灵魂的死？比如在演绎推理中，苏格拉底总是以经典的案例出现，他永远活在学习演绎推理的人们心中。

或者，我们原本就不想在概念上达成共识，正如诗人臧克家说过：有的人活着，他已经死了；有的人死了，他还活着。

苏格拉底的生与死，莫非像光那样，具有波粒二象性；或者如薛定谔之猫，对生死是那样地纠缠不清？

也许对于这样的演绎推理，大部分人会嗤之以鼻：胡搅蛮缠，胡说八道，这都是什么呀！

韩春雨的论文不是一个问题

好吧，现在回到韩春雨的论文上来。2016 年 5 月 2 日，《自然·生物技术》（*Nature Biotechnology*）杂志发表了韩春雨作为通信作者（也是主要贡献者）的论文，介绍了一种新的基因编辑技术 NgAgo-gDNA。

作为一本杂志，《自然·生物技术》和其他杂志一样，发表韩春雨的论文是基于这样的演绎推理：

> 所有通过审稿人评议的论文都值得发表。
> 韩春雨的论文通过本刊审稿人评议。
> 韩春雨的论文值得发表。

　　韩春雨的论文发表后，得到一些科学家的好评。2016 年 5 月 10 日，北京大学生命科学院教授饶毅在自己作为主编的微信公众号"知识分子"上推荐了韩春雨的工作，认为"韩春雨的工作在世界上是一流的""在条件有限的情况下做出一流工作，是值得特别关注的"。随后，其他媒体陆续发表文章，将韩春雨的基因编辑技术描述为"诺奖级成果"。北京生命科学研究所的副所长邵峰也作为专业的生命科学研究者，对韩春雨的工作给予了好评。

　　饶毅与邵峰有两条推理逻辑，第一条是：

　　　　发表在《自然·生物技术》上的论文都是一流的。

　　　　韩春雨的论文发表在《自然·生物技术》上。

　　　　韩春雨的论文是一流的。

　　第二条是：

　　　　所有在条件有限的情况下做出一流工作的人都值得特别关注。

　　　　韩春雨在条件有限的情况下做出了一流工作。

　　　　韩春雨值得特别关注。

　　接下来，韩春雨因为基因编辑技术当选为河北省科学技术协会副主席，国家自然科学基金委员会立项资助韩春雨的后续研究，河北省财政拨款 2.2 亿元支持河北科技大学建立以韩春雨工作为核心的基因编辑技术研究中心。这其中也涉及多个演绎推理。

　　比如，韩春雨当选河北省科学技术协会副主席的演绎推理如下：

　　　　凡是做出一流工作的科学家都应担任省科学技术协会领导人。

韩春雨是做出一流工作的科学家。

韩春雨应担任省科学技术协会负责人。

是的，如果上述所有的大前提和小前提都是正确的，经过严密的推理过程后的结论都是天衣无缝的。

韩春雨的论文成为一个问题

科学共同体秉承着科学精神，其中一条是怀疑论。怀疑论认为，不管科学技术知识（如学术论文、学术专著、专利技术等）来自何处、何时、何人，科学工作者都要对此持谨慎怀疑的态度，而不能不假思索地完全接受，怀疑的基础是逻辑和实证。

接受怀疑是学术论文与其他文本（如政党纲领、法律法规、领导人语录等）不一样的地方，这也是科技知识自我完善、力求正确、更值得信赖的方法。针对韩春雨的论文，演绎推理是：

所有学术论文都是值得怀疑的。

韩春雨的论文是一篇学术论文。

韩春雨的论文是值得怀疑的。

2016 年 5 月底，有人发帖提出了对韩春雨论文在理论上无法实现的质疑。6 月底，著名的质疑者方舟子发表了《河北科技大学韩春雨诺贝尔级实验的重复性问题》。文章指出，多个实验室的科学家向他报告了韩春雨论文中关键数据无法重复的问题。此后，越来越多的人开始质疑韩春雨的实验结果。10 月初，这种质疑在国内达到高潮，13 名在国内顶级生物学研究机构的研究人员实名发文，陈述了各自的实验室无法重复再现韩春雨论文的实验结果，并呼吁有关部门对韩春雨的论文启动调查。

质疑论文中实验结果的演绎推理是：

所有不能重复再现的实验结果是值得怀疑的。

韩春雨论文中的实验结果不能重复再现。

韩春雨的实验结果是值得怀疑的。

韩春雨论文辩护中的演绎推理

面对质疑韩春雨论文的演绎推理，也有人提出了辩护。我们来看几条较为典型的辩护逻辑。

实验缺陷类。比如，实验材料受到了污染，实验仪器不能够正确读数，实验步骤不完整，没有掌握实验中的高级技巧（Know-how），等等。这是韩春雨和最有力的支持者面对别人质疑时最先提出的辩护逻辑：

凡有实验缺陷都无法重复出正确的实验结果。

你有实验缺陷。

你无法重复出正确的结果。

耐心等待类。我们要耐心，不要匆匆忙忙质疑韩春雨论文，让时间来检验技术的进步与否。其演绎推理是：

所有重大技术都需要时间完善。

韩春雨的工作是重大技术。

韩春雨需要时间完善。

阴谋类。例如，科学家是有国界的，欧美发达国家的科研人员质疑韩春雨论文是不希望中国本土科学的崛起；技术是有知识产权的，那些拥有了成熟基因编辑技术专利的科研人员质疑韩春雨论文是怕韩春雨的专利抢了他们的饭碗；科研工作者是团体利益的，那些国内生物研究领域的大佬们不希望别人抢了他们的饭碗。其演绎推理是：

凡是不认可韩春雨论文的人是有阴谋的。

你不认可韩春雨论文。

你是有阴谋的。

在这些辩护中，质疑者继续质疑推理中的大前提和小前提，比如论文阴谋论这个大前提就根本不成立。

韩春雨论文中的缺省大前提

科研工作的一个缺省（也可称为预设）大前提是真实无假。也就是说，不论是杂志编辑还是论文的审稿人，面对科研工作者的最新投稿，都得首先认同这篇学术论文所陈述的工作是真实无假的（或者说以他们现有能力和条件无法判断出这项工作是假的）。《自然·生物技术》杂志的编辑和审稿人的演绎推理是：

所有投向《自然·生物技术》的论文都是真实描述。

韩春雨论文投向《自然·生物技术》。

韩春雨论文是真实描述。

建立在此基础上的后续评价，比如饶毅教授对韩春雨的工作给予的称赞，也遵循着同样的演绎推理：

所有发表在《自然·生物技术》的论文都是真实描述。

韩春雨论文发表在《自然·生物技术》。

韩春雨论文是真实描述。

然而，科研工作这一缺省大前提的正确性却遭到了越来越多的质疑，科研不端行为（主要是剽窃、造假、伪造）频频曝光。剽窃是指把别人的文字占为己有，造假是类似于把丑的照片美图，伪造相当于完全的无中生有。韩国的黄禹锡、日本的小保方晴子是在地域和时间上离我们都比较近的科研不端事件里的主角。中国科研人员也有多起科研不端事件被揭露出来。

于是，韩春雨论文事件回到了对科研缺省大前提进行否定的演绎推理：

大前提：并非所有的科研工作是真实无假的。

小前提：韩春雨从事的是科研工作。

结论：韩春雨的科研工作不一定是真实无假的。

这个结论也可以这样陈述：韩春雨的科研可能为真，也可能为假。

大家都知道了，这是一个模棱两可的结论。之所以结论如此，是因为这里的大前提不是全称肯定判断，即大前提"并非所有的科研工作是真实无假的"与"有的科研工作是假的"和"有的科研工作真实无假"等价。

韩春雨的科研真假是个演绎推理问题吗？

现在，到了演绎推理无能为力的时候了。

如何证明韩春雨的科研为真呢？

有人这样论证：

> 所有协和人的科研是真实无假的。
>
> 韩春雨是协和人。
>
> 韩春雨的科研不做假。

有人举出实际案例说协和人有过科研造假的记录，导致这个推理中的大前提不为真。大前提变成了"并非所有协和人的科研是真实无假的"，也只能得出韩春雨的科研可能为真、可能为假这样模棱两可的结论。

韩春雨说"我不能自证清白"，这句话与"我不能自证有罪"一样等价。这也是依法机构判案时"疑罪从无"的原因。在科研评价中，证明一项科研工作是好的、是真的，需要外部同行评议；证明一项科研工作是坏的、假的，也需要同行评议。

韩春雨的演绎推理是完全正确的：

> 凡是指控别人科研不端都要提供证据。
>
> 你指控别人科研不端。
>
> 你要拿出证据。

证据成为判断科研不端的关键要素。而证据不能靠演绎推理获得，必须通过实证获得。至少，目前所有质疑韩春雨科研造假的人都没有确实的证据。所以，最先对韩春雨论文给出积极评价的饶毅和邵峰也开始行动了，致信河北科技大学，建议组成调查小组，仔细核实韩春雨的科研工作，以便得到确切的结论：韩春雨的科研为真（假）。

谁来启动调查程序获取证据呢？在韩国，黄禹锡面对科研不端质疑，是黄禹锡所在的首尔大学调查获得了黄禹锡的造假证据，首尔大学解除了黄禹锡的教授职务。在日本，小保方晴子面对科研不端质疑，是小保方晴子所在的日本理化所认定小保方晴子在论文中有不端行为，小保方晴子被迫辞职。

一般地，科研机构应该对本机构科研人员面临的学术不端质疑进行调查取证。这是一个不完全归纳推理或者类比推理得出的结论，是可以当成常识的大前提。

请大家按照演绎推理，自己得出如下结论吧：

河北科技大学该针对韩春雨的科研不端质疑进行调查取证。

现在，推理问题演变成了实证问题。让我们等待河北科技大学的实证结果。

结语：问题绕口令

在演绎推理三段论中，大前提是已知的一般性常识或者共同认可的假设。演绎推理的结论都蕴藏在大前提所覆盖的常识或者假设中。只要大前提和小前提都同时正确，推理出的结论也同时是正确的。

如果演绎推理中大前提和小前提是精确的，那么结论也是精确的，要么为真，要么为假，没有第三种情况。如果演绎推理中大前提和小前提是模糊的，那么结论也是模糊不清的，会陷入怎么都有理的窘境中。

在韩春雨论文事件中，最关键的大前提、小前提是：所有真正的科研人员都应求真务实，韩春雨是一个真正的科研人员。离开了这两个前提，对韩春雨论文事件进行的任何演绎推理都是毫无意义的。

韩春雨论文本该不是一个问题却成了一个问题，本该是一个学术圈内部冷门问题却成了一个大众娱乐热点问题，本该是一个容易问题却成了一个棘手问题，本该是一个逻辑问题却成了一个实证问题。问题的关键不是问题本身，而是对待问题的态度和解决问题的行动问题。如果不按科学共同体惯例对待韩春雨论文问题，类似问题将继续成为问题。

（本文作者　张九庆）

文科、理科和工科，哪种思维方式最有用

一些日子以来，工科思维方式成为主流观点批判的对象，与此相关的还有诸如理科思维方式和文科思维方式等。这就引出一个问题：思维方式与某某"科"的关系。

"科"的对象与思维方式的关系

儿童的思维方式一方面会有天赋，譬如有更多的"艺术细胞"，另一方面是不确定，同时蕴含了理科、工科和文科思维方式的潜能，在而后特定的学习和工作中，在某一方面得到强化。如果后天能与先天相吻合，使潜能得以充分发挥，将是个人与社会的幸事。

在思维方式及研究对象之间的关系上，对象决定思维方式。例如，力学、化学等多用分析方法和理想化方法，而生物学则较多采用综合的思维方式。

随着研究的推进，主导的思维方式也会发生变化。例如，近代生物学主要依靠分析和归纳思维，而现代到后现代的生命科学，则以综合为主，再加上三论和新三论等复杂性科学的思维方式。

所谓"复杂性科学的思维方式"本身就说明了思维方式及其对象之间

不可分割的关系。

在技术领域亦然。开车与骑自行车的思维方式及行为方式几乎有天壤之别，上网与操作一台机床大相迥异。

通常把学科分为理、工、文、管之类，当然还有医、农、军等，相应地也就有各自的思维方式。以下主要讨论理、工、文、管。

理科

一般来说，如数学、物理、化学、天文、地理、生物等，其共同特点是面对自然界的未知世界。思维方式的特点，第一，客观，尊重事实，以及在事实的背后发现规律，由现象揭示本质。就如达尔文所说，"自然是只要有机会就要说谎的"。第二，保持童年的好奇心，对各种现象足够敏感，随时准备有所发现。电磁效应和放射现象的发现与青霉素等皆是明证。第三，由于涉及未知领域，需要架起由已知通往未知的桥梁，因而科学家必须善于联想。卢瑟福把原子设想为行星，林德又由银河系联系到水缸里搅起的漩涡，还有伽利略和爱因斯坦的思维实验，乃至凯库勒著名的梦。由此可见，联想能力未必为文科之专利，但在联想和做梦之后需要严密的逻辑思维。

然而，理科的思维方式也有其特定的弱点，其一是见物不见人。19世纪的一位地质学家用小锤敲打一栋建筑物的地基。当被警员问及时，回答是，"我只看见地质，没看到建筑"。有人戏称，若有可以测量人的内心温度的温度计，可以发现培根内心的温度接近零度。其二是把复杂的对象简化、理想化。记得贝尔纳在其《科学的社会功能》中引用的赫胥黎后代尖刻的话，生活比化学、物理学复杂得多，那些科学家先是变成小孩子，然后成为白痴。

工科

其所涉及的对象为自然界的各种规律和人类社会的各种需求，要架起二者之间的桥梁，发明、设计、制造出自然界原来没有的器具、过程和设施等，以满足人类及不同人群形形色色的需求。

无疑，工科思维第一考虑的是有效，能把所需求的物件或过程做出来；第二考虑在制造及使用过程中可控制；第三考虑到经济和社会效益，如投入产出比、功能价格比以及效率等，这些考虑通常被反技术者斥之为"计算"；第四，如果需要，上述过程可以持续进行。

显然，相对于其他"科"的思维，工科思维现实、严谨、斤斤计较、索然无味，但毕竟做成了事情。然而，进一步的思考就会提出这样的问题：之所以这样计算是为了什么，又做成了什么样的事情？也就是价值观。此处，经典的人物是第一次世界大战期间发明毒气的哈伯。

文科

例如经济学和社会学，与其说是文科，实际上更多具有理工科的色彩。有一篇论文《理工学科与诺贝尔经济学奖的不解之缘》(《科学技术与辩证法》，2009 年第 2 期）清楚地说明了二者之间的关系。

典型的文科大概是文学、艺术学科。其对象是包括人类社会在内的整个大千世界，包括最为隐秘、变幻莫测、千奇百怪的人性，经由文学家、艺术家自己甚至更为深奥的内心世界投射出来，或给人以震撼、启迪，或引起共鸣。伦理学，引导人们做出正确的价值判断；宗教，引导人心向善；哲学，虽一般列为文科，是一切知识的抽象提炼，不但具有统揽全局和深远的意境，而且涉及对于人类和人性的终极关怀。

由此看来，大致可以说什么是理科和工科思维，但恐怕难以在同样意义上说什么是文科思维。相对而言，由于涉及面之深之广，之变动不居，以及那些大师们各自独特的个性，因而，如果说有特定的文科思维的话，那就是非逻辑，无一定之规，当真是费耶阿本德的"怎么都行"；同样，如果说有文科思维的话，那一定是对人性的关注和关怀。然而，这种关怀如果没有前两种思维方式作为基础，将一事无成，或者堕入乌托邦，甚至陷入类似于中世纪的狂热之中。

管理

管理究竟是什么"科"？或许是理、工、文各科在微观层面的某种结合。管理，不能违背规律，这与理科相近；需要洞悉人性，由此涉及文科；需要有效、控制和效益，这又是工科思维。

思维方式的互补

由上简要分析可知，所谓某某"科"，大致正是人类社会认识和处理所面对世界的几个阶段：认识世界，改造世界，改造自己。认识世界有理科，实际上还有认识人类社会自身的经济学、心理学、人类学和社会学等；改造世界有工科，以及部分文科；人类的命运和前途，幻想和梦想，情感和意志。由于涉及环节不同，相应地形成彼此间有所区别的思维方式。

然而，人类社会实际所发生和面对的事务是综合的，同时涉及各个环节。首先需要揭示现象背后的本质，找出事物发展的规律。这就需要应用理科思维。其次需要办成事情，做出成果，其间需要工科思维。这一切必须顺应人的本性，与人类的命运相一致，这是文科思维。三种思维方式，都只是人类思维方式的一种，各有所长，也各有所短。彼此间不能代替，而是构成一个思维方式的系统或生态，各得其所。因而，被或褒或贬的工科思维是人类思维方式中不可或缺的一环，但仅仅是其中的一环。取消或无限扩展都同样不可取。

（本文作者　吕乃基）

评估思维是一种科学思维

在我们身处知识海洋、面临海量信息的今天，在资讯如此发达、传播手段高度进步的今天，在我们面临各种矛盾纠结、社会乱象丛生的今天，摆在我们面前的情景是：一方面，我们需要知识，知识就是智慧的源泉，是力量的源泉；另一方面，任何人都不可能掌握所有的知识，甚至是本专业的所有知识。一方面，任何人只要具备基本的素养（比如会查字典、查阅资料、会上网搜索等），都可以获得自己所需要的知识；另一方面，面对纷繁复杂的知识和信息，我们需要判断、需要做出选择，去伪存真，才能获得真知，付诸行动。

因此，不由得使我们对科普进行反思。科普的功能到底是什么？几乎人人都知道，科普是为了提高公民的科学素养。然而，今天的科学素养，绝不意味着自己要成为"万事通"，而是需要具备一种获得知识的能力，具备一种判断是非对错的能力，掌握一些基本的科学思维方式。具备这种素养，掌握了一定的科学思维方法，就是一个会思考、会办事、会决策的人。那么，在这个世界上，你也就成了自己的主人。

科普的功能绝不只是为了获得知识，获得知识完全可以由教育和自身学习来承担。科普的功能应该是唤醒，是克服恐惧，是排除无知。科普是为科学、为先进文化争夺公众的。这一点，历史尤其是科学史反复为我们提供了佐证：古希腊的科学理性之光第一次点燃人类的智慧，出现了自然主义哲学，正是柏拉图、亚里士多德所做的科学启蒙；中世纪冲破神学的一统天下，也是得益于哥白尼、伽利略、布鲁诺以牺牲生命为代价的唤醒和启蒙；而现代环境意识的觉醒，也是由蕾切尔·卡逊的《寂静的春天》唤醒。没有这些科普大师的唤醒，科学至今可能还是神学的婢女。

对于科普工作者来说，怎么才能成为大师？成为人类智慧的点亮者？去唤醒人类的意识，不要自己毁灭了自己，这才是最重要的。对于普通老百姓来说，怎么做才是合理的？是基于理性的？去思考，去评估、怀疑、判断、选择。多一点标准，不要仅仅对自己有利，要考虑到别人，考虑到环境。那么，就需要通过形成科学思维来应对。什么样的思维是科学思维？答案是，评估思维就是一种科学思维，它与批判性思维、创造性思维一样，是我们今天建设创新型国家，建设世界科技强国的重要路径之一。

因为大家每天都要遇到需要判断、评价、选择、决策的事情，所以对评估思维并不陌生。只不过在没有了解科学的、系统的评估思维和评估理论的情况下，我们所运用的评估思维是一种零星的、直觉的、感性的思维。这种思维指导下做出的决策，有时是不系统的、不科学的、感情的、冲动的，所进行的决策和选择也会是非理性的。而这种非理性会带来个人事业、家庭、情感的损失，会造成组织的功能紊乱、发展受阻、道路曲折；若涉及一个国家，则会阻碍发展、阻碍进步。因涉及的范围、程度不同，所造成的影响也有所差别。

但有一点可以肯定：在信息有限、系统封闭、外界影响小的情况下，传统的思维和评估模式大多可以胜任，即使决策错误，影响也十分有限。但是，现代社会已经在很多方面实现了全球化，整个地球就是一个小小的地球村。在这种情况下，信息、能量、各种资源高速流动，相互影响、相互作用，无处不在。如果还停留在传统的评价、判断和决策的思维方式上，就难以达到系统高效、优化的目的。因此，需要人们形成一种能够适应现代社会发展需要的评估思维。为什么这么说？下面举几个例子加以说明。

微观上，我们在日常生活中无时无刻不面临着选择，要选择就要权衡利弊得失，这种权衡就是一种最简单的评估。而要做出正确的选择，则需要一种能够达到科学评估目的的思维。具备评估思维的人，在面临制定策略、投资决策、购买选择的时候，在是非、善恶、美丑判断面前，就能够做出比较科学的选择，做到有所为有所不为。

宏观上，在制定国家宏观战略前，我们不仅要从需要出发，还要从资源供给及各种约束条件出发，来进行评估和选择策略、路径，达到整体的战略目的。我国政府现在提倡组织学习、发展、创新，建设学习型组织和创新型国家，如果没有科学的方法做指导，就会使这些好的主张只停留在口号上，缺乏具体的操作路径，而难以达成目标。实际上，评估思维和评估行为是实现学习型社会和学习型组织建设的重要方法和途径。通过评估，我们可以发现组织中存在的优点，找出系统的优势所在，做出经验、理论上的总结，得以发扬光大。这样，不仅能够促进本组织系统今后的发展和创新，也能为其他组织系统的发展提供依据和方法借鉴；通过评估，可以发现不足，有针对性地进行学习，促进系统改变，达到改善系统效率和系统功能的目的。因此，评估思维和评估行为是促进系统改变和实现创新的科学有效的途径。

从方法论意义上看，评估思维以自然主义哲学及系统论为基础，具有一整套科学的方法、评估工具，通过评估 - 学习（learning-enabled）- 创新（innovation）的系统循环过程，实现系统的整体创新，使系统产生质的飞跃。

应当说，评估的历史与人类的历史一样悠久。自从"上帝创造了人"，亚当和夏娃在伊甸园被诱惑吃了智慧树上的果实以后，善恶概念就确立了，爱恨情仇就产生了。这种善恶、好坏、优劣、是非观念就是人们判断事物的价值标准，有了这些价值标准，就为人们进行评估、判断和选择提供了基础。

根据《圣经》故事，自从人类祖先受到蛇的诱惑而吃了智慧树上的果实以后，上帝就把亚当和夏娃赶出了伊甸园，也由此引出了人类发展、事态变迁、沧海桑田的历史。试想，如果人类至今还在伊甸园里，哪有现在这么多事儿啊！

那么，为什么上帝要逐出这对情侣呢？从评估思维的角度看，原因很简单。人类有了是非、美丑、善恶的意识和判断依据以后，上帝就不再"说一不二"了。人们有了自己的标准，也就有了评估的意识——不仅可以对自己所处的环境进行评估、做出判断，还可以对别人的行为（包括上帝的行为）进行判断，进而进行指指点点。由此可见，最初的评估形式就是简单的判断。

从评估的起源我们可以看出，评估的最简单要素包括标准、评价（比较）、判断、选择等几个方面。有了标准，就有了参照系，在面对一系列活动时，自然就会依据一定的标准、程序对事物做出评估，并依据评估结果，进行判断、选择、决策；有了选择，就可以"择其善者而从之，其不善者而改之"，就可以不断取得进步和创新。因此，评估是促进社会进步、提高效率、发扬民主的重要手段，又是不断学习、提高自身能力、促进改变的主要途径，还是形成学习型组织、建设学习型社会、实现科学发展的必要方法。当然，随着社会经济、科技、文化的发展，评估也经历了由简单到复杂、由经验到科学等不同阶段。

在君权、皇权等神本位思想统治的社会中，为了树立权威和维持统治，往往树立一个权威来对是非和善恶进行裁决，而统治者的喜怒好恶也成为判断的唯一标准。统治者为了统治的需要，往往实行一些愚民政策，使民"无知无欲"，陷入对神权的崇拜和绝对服从。这样，他们就可以以神的名义来驯化平民，老百姓逆来顺受，整个社会处于非理性的统治和运行之下。在这个阶段，评估的标准以神谕和"皇帝金口"的形式体现，评估也就进入一个权威话语权阶段。随着现代科学技术的兴起，一些知识分子、知识精英也加入权威的行列，在一定程度上取得了评估的话语权，并体现为专家权威的评估形式。

评估已经成为促进人类社会进步，促进科技创新、文化发展的重要手段，成为科学管理的重要内容。评估也成为有理论、有方法、有目的，遵循一定程序的科学行为。最基本的步骤包括：①依据事实、理性或某种程度上的情感标准，发现和选择问题，构成指标；②对问题进行调查，以度量、分析、鉴别其程度；③收集产生问题的原因，支持问题或现象存在的证据；④进行综合评估或判断；⑤进行决策和选择；⑥反馈并改善事件，进入下一轮评估。也就是说，人类行为形成了一个完整的评估—学习—创新的逻辑环。评估不再是单一的权威标准，评估的目的也不局限于为单项工作服务，而是发展成为一种有目的的建构。

从逻辑上分析，偷吃智慧果和上帝把亚当与夏娃赶出伊甸园是一种双赢结局。对人类来说，人类一旦有了智慧，就可以进行评估和选择了，不仅不再盲从，还为以后科学技术的产生奠定了基础；对于上帝来说，如果不实施驱逐政策，当时的伊甸园中还有一棵生命之树，如果人类偷吃了生命树上的果实，就变得与上帝一样永生了。那样，也就没有人类的历史，而只有"神仙"史了，地球上早就"仙"满为患了。当然，《圣经》故事的真假无从考证，对于相信科学的人来说，不会轻易地将故事的描述作为论证的依据，在此只不过用以说明评估产生的条件和历史的悠久。

评估行为虽然产生很早，但是评估理论和方法的进步却不大。在近代科学出现之前的数千年中，评估一直处于单纯的直觉判断和个人是非利害的衡量上，那些影响大而广的系统评估，则是随着科学技术进步、评估研究发展起来的。一方面是通过评估研究，产生了各种不同场合下运用的评估理论和方法；另一方面是科学技术的进步，为评估实施，尤其是评估需要的数据采集、处理、分析等提供了手段，例如计算机处理技术、系统分析和处理软件、各种模型等。因此，现代评估理论和方法的运用已经日益广泛，评估形式也日益多样，与传统的个体直觉式的评估已经不可同日而语了。

（本文作者　郑念）

认识逻辑思维

逻辑思维是指将思维内容联结组织在一起的方式或形式。它是人在理性认识阶段运用概念、判断、推理等思维类型反映事物本质与规律的认识过程。

逻辑思维是我们最常用的思考方法，但现实中我们常常出现错误运用而不自知的情况。主要原因就是逻辑思维存在盲点，稍不小心就会被引到错误的方向，而得出荒谬的结论。正确运用逻辑思维，需要在一定的条件下才能得出正确的结论。

从最简单的演绎法和归纳法来看，演绎必须有大前提、小前提和结论，只有大前提和小前提都正确，才能确保结论正确；而归纳在大多数情况下是一种概率推理，由于很难穷尽个别，故所谓的一般性或共性也是有条件的。而就演绎和归纳相互之间的关系看，演绎需以归纳为基础，归纳需要演绎来证明。由于两者都存在局限性，而逻辑方法又是科学研究所常用的方法，故经常被一些人加以利用来进行欺骗性游说，或进行欺诈性的活动。

首先，前提必须正确。以演绎推理为例，前提正确的条件是要基于事实，基于对推理对象的客观了解，这种事实一般是物质世界的现象。比如基于上帝存在的各种学问、信仰，如果忽视前提，或者其前提不可证伪，那么，在这个基础上形成的一系列学说、理论、各种推论就都是错误的，无论听起来多么合理，都是骗人的。能够自圆其说的不一定就是事实，更不一定是好理论；谎言也可以有看上去自洽的逻辑，谎言编织者同样追求自圆其说，但其观点和理论并非事实。不要轻易相信那些暂时无法判断真伪或者没有经受检验的"理论"，可以保持怀疑，推迟下结论，以待证实或证伪。眼见也不一定为实，我们看到的魔术表演都是亲眼所见，但那只是通过表演的手法制造的以假乱真的效果。而且魔术师承认是表演，客观上他们既不能做到真正的无中生有，也不能让人或物凭空消失。由于演绎需以归纳为基础，而归纳本身存在"先天"缺陷，所以难以确保演绎的前提正确。

其次，过程相关。也就是推论的两个问题或现象确实存在强相关性，如"潮汐是月球引力造成的，潮汐的原因是地球上的海洋在引潮力作用下产生周期性运动；人体的 70% 是水，月球同样对人体有引力作用，月球的圆缺周期性变化会对人体产生影响，所以满月时容易出现各种神奇现象"。这个推论看起来是天衣无缝的，然而却是错误的。原因是忽视了过程中的相关性，这种相关性可以分为强相关、弱相关和无相关。本例中的引力作用虽然与客体变化构成相关性，但地球与月球之间，由于其质量在"同一个数量级"上，构成了相互作用的条件或前提，用于现象解释、描述、推理可能是正确的；但月球和人体之间由于质量相差悬殊，则不构成相互作用的关系。现实中，很多人都会在这方面犯错误，很多专家甚至到处做报告，传播一些错误的逻辑结果。例如，很多不科学的健康、医学讲座或科普讲座，就是因为相关人员不了解逻辑思维的盲点而犯了无心错误（不排除有的专家是哗众取宠的需要）。所以有人说"离开剂量谈营养或毒性都是耍流氓"。最近又有人说，所有的保健品都是骗人的，都没有作用。这些说法都是偏执的，没有基于具体的、严谨的、定量的相关性分析或科学评估。这种情况不是个别现象，一些骗子也经常利用逻辑思维的盲点，欺骗那些没有深度思考的人，导致他们上当受骗。比如一些人相信灵异学说，由于活着的人完全没有进入"灵界"和"冥界"的经历和体验，相关描述都是无法证实也难以证伪的，很多人便抱着"宁可信其有""不怕一万，就怕万一"的态度，有时被蒙蔽进入"智障模式"，心甘情愿被欺骗，掏钱买平安求解脱，这是大多数人陷入相关骗局的原因。有时连科学家也难以避免落入盲区，在科学界也时常有人研究"灵界"，甚至尝试用最新的科学发现来解释灵异的现象，弄出一些玄而又玄的理论或结论，但除了耗费大量时间和金钱，没有得到任何有实际意义的结果。历史将最终证明，其所做所得最多只能证明其想象力丰富而已。

最后，推论应符合正确的逻辑。很多人运用的逻辑是"神逻辑""强盗逻辑"，甚至是"流氓逻辑"。得到的结论虽然貌似有理，却不一定是正确的，有时甚至会得出错误的或灾难性的结果。比如血统论认为的"龙生龙凤生凤，老鼠的儿子会打洞"，以及灭绝人性的种族清洗、残酷无情的斗争和打击，等等，都是这种"强盗逻辑"的表现。

综上所述，逻辑思维存在盲点甚至盲区，使用逻辑方法不一定保证结论正确。只有正确使用逻辑方法才能得到正确的结论。从逻辑本身看，偏离正念的逻辑还有可能导致灾难发生。逻辑思维的正确运用需要基于科学素养，即一定的科学知识、科学方法和科学精神，否则只能把推论的前提落在虚无缥缈的神学、玄学、虚幻等非科学的基础上。这样无论听起来多么合理、有理，也不可能得出正确而有益的结论。在一些情况下，科学研究可能会打开"潘多拉的盒子"。有些盒子我们应该考量要不要去打开，如果不加考量，有可能给人类释放出一个掘墓者……

（本文作者　郑念）

批判性思维

批判性思维（critical thinking）是一种科学的思维方式，也是一个被社会广泛接受的教育目标。目前，批判性思维这个概念本身的定义仍存在一些争议，主要的争议点包括批判性思维的适用范围、期望达成目标的类型、达到批判性思维的标准和规范，以及思维中包含的重点等方面。但就批判性思维在教育中发挥的功能，学界已达成了一定共识，即批判性思维对于提高学生自身能力及其适应社会生活有诸多帮助，因此被广泛建议作为教育目标之一。

反省思维

使用"批判性思维"这个术语来描述教育目标的历史可以追溯到美国哲学家约翰·杜威[①]。他通常将之称为"反省思维"（reflective thinking），指出反省思维是："对任何信念任何假定的知识形式做积极的、持续的以及审慎的考虑，依据是支持它的理由以及它可能引出的结论。"他引用了弗朗西斯·培根、约翰·洛克和约翰·斯图亚特·密尔的名言，表示他并不是第

---

① 1910年，现代批判性思维的先驱约翰·杜威（John Dewey）提出反省思维。

一个提出将发展科学思维态度作为教育目标的人。20世纪30年代，许多参加美国进步教育协会八年研究的学校开始将批判性思维作为教育目标。格拉泽通过实验证明，教育手段可以提升中学生的批判性思维。本杰明·塞缪尔·布鲁姆颇具影响力的认知教育目标分类中就包含了批判性思维能力。罗伯特·埃尼斯于1962年提出了批判性思维的12个方面，成为研究批判性思维能力教学和评价的基础。1980年以来，美国加州举行的关于批判性思维和教育改革的年度国际会议吸引了来自世界各地各个教育阶段的数万名教育工作者。也是从1980年开始，美国加州州立大学要求所有本科生都要学习批判性思维课程。目前，世界各地的众多教育系统都已将批判性思维纳入课程内容和效果评估的指导方针，对它在教育上的重要性表现出了一致的认同。

关于批判性思维的定义，约翰·杜威曾采用案例进行描述。案例来自他的学生在课堂论文中对"反省思维"的思考过程的叙述。

其中一个案例是关于交通方式的。课堂论文中这样写道："几天前，我走到市中心的16大街时，被一个时钟吸引了目光。我看到钟表指针指向12点20分，而我1点钟在124大街有个约会。我坐车到这里花了一个小时，如果我还用同样的方式返回124大街我就会迟到20分钟。如果我选择坐地铁，就可以节省出20分钟。但这是建立在附近有地铁车站的基础上的，否则我可能会浪费20多分钟去找车站。随后我想到了高架快车，因为我发现在两个街区之间有一条高架线路。可是我并不清楚车站在哪儿，如果它在我所在街道临近的其他几个街区，那我选择这种交通方式反而会多花时间，而不是节省时间。于是我的选择又回到了地铁，它应该比高架快车更快。此外，我记得目的地地铁站比高架车站更靠近124大街我想去的那个地方，可以节省更多的时间。最终我决定乘地铁，并在1点钟到了目的地。"

还有一个案例是关于渡船的。课堂论文中这样写道："在我每天渡河乘坐的渡船的上层甲板上，有一根长长的几乎水平伸出的白色杆子，杆子顶端有一个镀金的球。我第一次看到这根杆子的时候，认为它可能是一根旗杆。它的颜色、形状和顶端镀金的圆球都符合我的这个猜想，同时似乎也能证明我的这个想法是正确的。但这个想法也存在问题，因为这根杆子的方向几乎是水平的，和一般旗杆的延伸方向不同。此外，它也没有可以用于挂旗帜的滑轮、圆环或绳索。并且，渡船上已经有了两根垂直的旗杆，偶尔可以用于悬挂旗帜。所以，这根杆子很可能不是用来悬挂旗帜的旗杆。

随后我试着思考这根杆子所有可能的用途，并判断它最适合于哪一种：第一，它可能是一个装饰品。但是所有的渡船，甚至是拖船都有类似的杆子，所以它不可能仅仅是这艘船的装饰，一定是船上必需的物品。因此可以否定这个假设。第二，它可能是无线电报的天线。但出于和第一点同样的原因，这也是不太可能的。此外，更合适建造天线的地方应该是船最高的位置——领航室的顶部。第三，它的功能可能是指出船移动的方向，这是有可能的。为了证实第三点，我发现杆子的位置比领航室低，这个高度领航员很容易就能看到。同时，杆子的顶部比底部要高，从领航员所处的位置上看，它从船的前方探出许多。领航员处在船的前部，他是需要这样的标杆来指引方向的。类似的，拖船也需要标杆来达到同样的目的。因此，第三个假设比前两个假设更有可能是真的。我的结论是：竖这根杆子是为了给领航员指明船所朝向的方向，使他能够正确地驾驶。"

批判性思维及其特征

批判性思维究竟是什么？不同的学者提出了许多不同的定义。

沙朗·贝林等人认为，如果从教育家的角度出发，判断什么类型的思维是批判性思维，什么类型的思维不是批判性思维，可以得到以下结论：

教育家通常认为批判性思维至少有 3 个特征。一是，批判性思维的目的是让运用这种思维的人能够决定要相信什么或者自己需要做什么；二是，进行批判性思考的人要试着达到一定的思考深度和准确性；三是，这种批判性思维需要达到一定程度的相关标准。

我们可以把包含这 3 个特征的核心概念总结为：批判性思维是一种审慎的、以目标为导向的思维。这个核心概念似乎同样适用于刚才描述的学生课程论文中提到的例子。

同时，基思·斯坦诺维奇等人提出将批判思维的概念建立在理性的概念之上，他们认为这种理性是一种知识性的理性（从事实出发的思考逻辑）和工具性的理性（目的是为了优化要实现的目标）的结合；在他们看来，批判性思考者是"有无视下意识的反应选择自主思考倾向"的人。批判性思维的各种解释之间不一定相容，但在任何情况下都以仔细思考的核心概念为前提。

在教育学的语境中，批判性思维的定义是"过程性的定义"。它呈现了实现批判性思维教育目标的实际过程。从实现教育目标的角度来说，一个句子形式的公式化定义远不如一个批判性思维的思考过程表达得更清晰。这个过程可能会涉及批判性思维的各种形式和衡量标准。批判性思维真正的教育目的是让学生认识、掌握和实践这种思维习惯。这种掌握和实践同时也包括获得批判性思考者应具备的知识、能力和品格。

不得不提的是，批判性思维的概念一般不涉及与道德相关的内容。杜威把批判性思维作为教育的终极智力目标，但把它与发展学童的社会交往能力进行了区分，把发展学童的社会交往能力作为教育的核心道德目标。但埃尼斯曾在自己之前提出的具有批判性思维倾向的列表中增加了一组关心每个人的尊严和价值的倾向，他将其描述为是与批判性思维具有"关联"

的倾向。他认为如果没有这种道德性的倾向，批判性思维对人产生的价值就会降低，甚至可能有害。他断言，旨在培养批判性思维而不关注每个人尊严和价值相关倾向的教育，"将是有缺陷的，也许是危险的"。

对于批判性思维的价值，杜威认为，反省思维教育对个人和社会都有积极意义。在教育实践中承认儿童天生的好奇心、丰富的想象力和对实验探究的热爱与他们的科学态度密切相关，"将有助于个人幸福，减少社会浪费"。参与美国进步教育协会八年研究的学校把培养反省思维的习惯和解决问题的技巧作为引导年轻人了解和欣赏美国民主生活方式特征的手段。哈维·西格尔提出的4个方面的论断支持将批判性思维作为一种教育理念：第一，尊重学生，要求学校和教师尊重学生的解释和提出的理由，真诚对待学生和学生做出的独立判断。这涉及了教师对待学生的态度。第二，教育的任务是把孩子培养为成功的成年人，完成这一任务需要培养学生自力更生的能力。第三，教育应该向孩子们传授历史、科学、数学等理性学科领域的知识。第四，教育应该令孩子们做好成为民主公民的准备。这需要培养学生遇事能够遵循合理程序并具有批判的能力和态度。为了补充这些论断，西格尔回应了两种存在的反对意见：一种针对意识形态上的反对，提出接受任何教育理念都需要事先做出意识形态上的承诺；另一种针对教化上的反对，提出批判性思维的培养同样是教化的一种形式，不会回避这个问题。

批判性思维的阶段

在具体的教学实践中，杜威将运用批判性思维思考的过程拆解为5个阶段：一是联想，指充分活化思维，找到可能存在的问题、推断答案；二是归纳，即将存在的问题或困惑科学地归结为一个必须寻求答案的问题；

三是假设，指将多个可能的假设作为思考起点和推动力，指导后续设计研究方案并通过观察等科学方式进行论证；四是推理，在科学假设的前提下，运用逻辑推理等对假设内容进行解释；五是验证，即通过公认的事实或科学设计的实践方案验证假设。由这 5 个阶段组成的批判性思维过程可以将在此之前处于困惑、棘手或混乱局面的问题梳理形成清晰、简明、可解决的状态。

值得一提的是，批判性思维的过程存在螺旋形模式发展的可能性。在具体的思考过程中，最开始期望解决的问题可能会因为思考过程中遇到的一些障碍被重新设定。例如，在上文提到的交通方式的例子中，如果经过批判性的思考认为，在预定的时间到达约会地点是不可能的，那么要解决的问题很可能就会更改为在双方都方便的时间重新安排约会。不过，对问题的修正或更改应该是经过谨慎判断的，因为解决方案可能存在问题就仓促做出修改决定的做法是不合适的。在思考过程中，如果可以获得更多信息，那么在获取进一步信息之前，要避免对自己做出的假设之一表现出任何强烈的偏好。当一个人心中做出一个假设的时候，即使这个假设成立的可能性很低，都会因为这个已经得到的假设生出一种所谓的"确认偏见"：人们可能会更关注能够证实这个假设的证据，从而忽略推翻这个假设或与之矛盾的证实其他假设的证据。一些特定人员，例如侦探、情报机构和飞机事故的调查人员一般会被建议在收集相关证据时采用系统性方式，有时甚至要刻意推迟对假设正确性的判断，直到收集到的证据能够合理推翻除一种假设之外的其他所有假设。

杜威对批判性思维过程的分析也可能是存在疏漏的，因为在思考过程中可能会因为证据发生变化导致要解决的问题本身出现矛盾，此时做出的假设也会无法推断，需要暂停思考的过程。此外，考虑到通用的批判性思维思考过程需要适用于解决各种各样的问题，而不同的问题影响因素很可能发生变化。因此，概念化的批判性思维过程最好的呈现形式是列出一个清单。用于解决问题的清单中包含的影响因素能够以多种顺序、有选择性地、不止一次地出现。这个清单中的因素可能包含：①发现问题；②定义问题；③拆分问题为几个子问题；④制定问题和子问题可能的解决方案；⑤确定相关的证据与问题和子问题的关联性；⑥制定一个系统地进行观察或实验以收集相关证据的方案；⑦系统地进行观察或实验；⑧记录观察或实验的结果；⑨从其他人那里收集相关的证言和信息；⑩判断从其他人那里收集到的相关证言和信息的可信度；⑪ 从收集到的证据和采纳的证言与信息中归纳结论；⑫ 接受有充分证据支持的结论。这个批判性思维过程的清单，优势是相对开放，但同样存在太过机械的缺陷，不满足解决多维和情绪化问题的需要，在实践过程中仍需改进，应当采用更辩证的态度看待具体问题。

目前已经开展的一些教育实验表明，教育过程可以提高学生批判性思维的技能并帮助其养成思考习惯。菲利普·艾布拉姆等人发现，在实践研究中，对话、锚定教学和指导都可以增加教育干预的有效性，三者结合起来最有效。他们还发现，将独立的批判性思维教学与鼓励学生进行批判性思考的学科的教学相结合，比单独进行这两种教学都更有效。但不足之处在于，研究中体现的差异无统计学意义，存在偶然发生的可能。同时，此类研究大多缺乏纵向随访，无法确定所观察到的学生之间在批判性思维能力或思考习惯上的差异和优势是否会长时间持续，例如一直延续到高中或大学毕业。

教育的本质是一种有目的地培养人的社会活动，是根据一定社会的现实和未来的需要，遵循年轻一代身心发展的规律，有目的、有计划、有组织、系统地引导受教育者获得知识技能，陶冶思想品德，发展智力和体力的一种活动，以便把受教育者培养成为适应一定社会（或一定阶级）的需要和促进社会发展的人。批判性思维训练在教学过程中的成功实践，不仅是对受教育者思考能力的锻炼和培养，而且帮助其运用科学的方法看待生活和工作、解决实际问题，对年轻一代将来融入社会生活、适应社会发展有重要意义。

（本文编译者　赵沛）

参考文献

[1] SMITH E R, TYLER R W. The evaluation staff, appraising and recording student progress[M]. New York and London: Harper & Brothers, 1942.

[2] BLOOM B S, MAX D E, EDWARD J F, et al. Taxonomy of educational objectives. Handbook I: cognitive domain [M]. New York: David McKay, 1956.

[3] DEWEY J. How we think [M]. Boston: D.C. Heath, 1910.

[4] DEWEY J. How we think: a restatement of the relation of reflective thinking to the educative process [M]. Lexington, MA: D.C. Heath, 1933.

[5] BAILIN S, ROLAND C, JERROLD R C, et al. Conceptualizing critical thinking [J]. Journal of Curriculum Studies, 1999b, 31（3）: 285–302.

[6] SANOVICH K E, RICHARD F W, MAGGIE E T. Intelligence and rationality [M]// Cambridge Handbook of Intelligence. Cambridge: Cambridge University Press, 3rd edition, 2011: 784–826.

[7] SCHEFFLER I. The language of education [M]. Springfield, IL: Charles C. Thomas, 1960.

[8] ENNIS R H. Critical thinking dispositions: their nature and assessability [J]. Informal Logic, 1996, 18（2–3）: 165–182.

[9] AIKIN W M. The story of the eight–year study, with conclusions and recommendations[M]. New York and London: Harper & Brothers, 1942.

[10] SIEGEL H. Educating reason: rationality, critical thinking, and education [M]. New York: Routledge, 1988.

［11］NICKERSON R S. Confirmation bias：a ubiquitous phenomenon in many guises ［J］. Review of General Psychology，1998，2（2）：175–220.

［12］HITCHCOCK D. Critical thinking as an educational ideal，in his on reasoning and argument：essays in informal logic and on critical thinking ［M］. Dordrecht：Springer，2017：477–497.

［13］PAUL R W. Critical thinking：fundamental to education for a free society ［J］. Educational Leadership，1984，42（1）：4–14.

科学的复杂性：双黄连与科赫的结核病药

2020 年 1 月 31 日，"经过上海药物所和武汉病毒所联合研究，初步发现中成药双黄连口服液可抑制新型冠状病毒"的新闻一出，民众纷纷通过网上及线下渠道抢购双黄连口服液，各大电商网站及各地药店的双黄连口服液很快便售罄。

这种抢购的场面并不是第一次发生了，2003 年"非典"时期抢购醋、板蓝根，2011 年福岛核电站事故之后抢购盐。很多人都将"抢购文化"归咎于民众的盲从和造谣者的别有用心。然而，此次对双黄连口服液的抢购似乎与之前略有不同，中国科学院上海药物所、武汉病毒所作为专家群体，在疫情肆虐之时宣布"双黄连口服液可抑制新型冠状病毒"，无异于让身处恐慌之中的民众抓住了一根救命稻草，直接推动了抢购热潮。

然而，随即便有诸多专家开始质疑双黄连口服液的治疗作用。作为回应，中国科学院上海药物所发表声明称，他们的结论是基于实验室体外研究的结果，双黄连确实有抑制新型冠状病毒的作用，但能否用于治疗还需进一步临床研究，之前发布的消息准确无误。随后新闻媒体也开始解释抑制不等于预防和治疗。一场抢购的热潮才得以慢慢平复。

以往我们还能揪出一些造谣的始作俑者，但是此次抢购风波中民众的误读似乎成了罪魁祸首，有些人甚至直接将"抢购文化"归结于民众科学文化素质的低下。然而，将此次抢购风波的责任完全推给民众是不合适的。虽然上海药物所和武汉病毒所发布的消息和声明从科学视角上看确实没有太大问题，但是科学从来不仅仅是科学研究的事情，科学与社会始终纠缠在一起，在重大公共事件中体现得更为显著。

不论是"公众接受科学""公众理解科学"，还是"公众参与科学"，科学普及常常体现为一种科学家与公众二分的形式。在大多数人眼中，科学家掌握科学知识，具备很好的科学文化素质；公众从科学家那里被动地接受科学，或者主动地理解、参与科学。这样一来，科学家就被排斥在了公众之外，科学家作为科学的普及者，不再是科普的受众。

可是，科学并不仅仅是科学研究或科学知识，它还包含着复杂的社会因素。近年来，科学哲学、科学史、科学社会学等领域都深刻地剖析了科学与社会的关系。而科学家群体则很少会从社会视角看待科学或者深入理解科学的社会性，这就导致了科学家对科学的片面理解。

虽然从科学视角看上海药物所和武汉病毒所的科学结论没有错，但是从社会视角看，他们显然忽略了结论可能造成的社会影响。

因此，在科学普及和科学传播的过程中，科学家不应该高高在上，以专业性抹杀科学的社会性。科学家与公众应该是平等的，虽然科学家在专业知识上占据主导地位，但是在要求公众理解科学、参与科学的同时，科学家同样需要更加深入地理解科学、理解公众。

科赫与他的"药剂"

1890 年 8 月 4 日，著名细菌学家罗伯特·科赫（Robert Koch，1843—1910）在柏林第十届国际医学大会上公布，他发现了一种可以杀死结核杆菌（科赫 1882 年发现的结核病病原体）的物质。结核病具有很高的感染性和致死率，据统计欧洲当时有 1/7 的人死于结核病，1/3 以上的中年人都患有结核病。因此，科赫的消息一经公布，便激起了公众的极大热情，数千名患者涌入柏林寻求治疗，由于医院无法承接这么多人，以致许多人就住在宾馆或者出租房，甚至住在街上。

美国医生特鲁多（Edwatd Trudeau，1848—1915）回忆说，从报纸上得知科赫"药剂"之后，整个纽约萨拉纳克湖（Saranac Lake）疗养院都弥漫着激动人心的情绪，为了防止他的患者冲向柏林寻求治疗，他做了他所能做的一切。

消息公布之后，科赫却对治疗药物的性质和制备方法闭口不谈，甚至还给出了一些误导性解释。加上科赫"药剂"的临床治疗效果并不理想，还出现了一些严重的副作用，因此许多医生开始质疑科赫"药剂"，并强烈要求科赫公开"药剂"信息。

科赫并没有第一时间回复公众的质疑，而是在 1890 年 11 月"药剂"（即结核菌素）正式发售之后，才写了一篇论文解释"药剂"并不会直接杀死结核杆菌，只是导致结核组织坏死。

在文中，科赫主要介绍了药物的诊断和治疗功能，以及使用方法和剂量，指出身体疼痛、咳嗽、恶心等属于正常的药物反应，但并未公开药物的成分。科赫对药物成分的再次隐瞒引起了医学界的极大不满，以致批评的声浪越来越大。

面对压力，1891 年 1 月科赫不得不再次发表论文，在《关于对抗结核病的药剂的后续信息》一文中，他声称"药剂"在动物实验中取得成功，并详细介绍了"药剂"是如何导致结核组织坏死，进而治愈结核病的。科赫明言"药剂"是结核杆菌纯净培养物的甘油提取物。

然而，"药剂"成分的公开并没有消除人们对"药剂"的质疑。临床医生和生理学家仍旧对科赫"药剂"提出了尖锐的批评。不过，这些批评并没有动摇科赫的理论基础——动物实验。因此，科赫学派内部仍然坚信"药剂"的有效性，科赫也继续着他的结核菌素研究。

1891年10月，科赫还发表了《关于结核菌素的进一步信息》一文，进一步说明结核菌素在动物实验中的有效性，并邀请志愿者测试改进后的结核菌素，再次验证了结核菌素的有效性。不过，由于结核菌素的治疗效果并不理想，人们对结核菌素的热情逐渐消退。

此后，人们的关注点开始转向更为广泛的伦理思考，以致不负责任的药物使用和危险的临床试验成了医学界讨论的一个主题。1893年，德国第一本关于药物治疗副作用的教科书就用了一整个章节来描述结核菌素，并强烈谴责了1890—1891年期间对它的测试和应用，称这些研究为"痴人呓语"。

虽然科赫及其支持者并没有放弃他们的论点，但是他们不得不承认自己的观点已不再被公众接纳。即便如此，结核菌素也并没有销声匿迹。在战争期间，结核菌素仍然被认为具有治疗效用。第二次世界大战之后，随着链霉素逐渐普及，且大多数结核菌素的支持者业已去世，结核菌素才不再作为治疗药物使用。

科赫的坚持之科学视角

如今我们知道结核菌素具有一定诊断价值，但不具有治疗价值。但是，科赫为什么始终坚持结核菌素的治疗价值呢？从不同的视角出发，我们可以得出不同的解答。

从科赫自身对结核病的理解来看，科赫坚持结核菌素的治疗价值受到了他先前研究的局限。通过先前对结核杆菌的研究，科赫形成了对结核病性质的两个基本认知：一是认为结核杆菌是结核病的唯一致病因；二是认为结核杆菌数量的多少大体对应结核病的入侵阶段、感染阶段和暴发阶段，结核杆菌的消失意味着结核致病过程终止。

1882 年，科赫发现结核病暴发后结核杆菌数量会下降，如果结核组织中杆菌完全消失，则意味着结核过程的终止。1884 年，科赫发现坏死的结核组织中几乎不存在结核杆菌，因此他认为结核组织的坏死意味着结核过程的终止。科赫的"结核菌素"就是要抢在细菌之前破坏局部组织，从而防止它们在组织中繁殖、传播。科赫认为，在坏死的局部组织中，细菌遇到了不利的生存条件，无法进一步生长，因此会快速死亡。

科赫还通过动物实验证明了结核菌素的治疗效果。他给患病动物注射有限剂量的结核菌素（保证注射后，患病动物在 6 ~ 48 小时不会死亡）可以导致其注射部位表皮的普遍坏死。在此基础上，进一步稀释结核菌素，直至结核菌素中几乎没有明显的悬浮物，再次给患病动物注射。如果患病动物依然存活，那么一两天后其健康状况就会出现明显改善，溃烂的伤口也会变得越来越小，并最终形成疤痕。不经过结核菌素治疗，这种现象绝不会出现。如果之前病情不重，经过这番治疗后，疾病过程就会趋于终止。

可见，科赫确实在实验室中一定程度上验证了结核菌素的有效性。结核菌素最终的失败仅仅是因为科赫科学认知的局限。然而，从其他视角来看，科赫的结核菌素研究就不仅仅是一个科学问题。

科学之外：利益与荣誉

德国医学史学家格拉德曼（Christoph Gradmann）发现，科赫在 1890 年 10 月 31 日写给德国文化部部长阿道夫的信中说，他想要成立一个研究所，生产结核菌素并做进一步研究。

根据科赫的要求，普鲁士政府需要为研究所提供财政支持，但并不直接管理研究所。作为回馈，科赫会在 6 年之后将结核菌素的所有权交给政府。科赫在 1890 年 12 月 5 日写给阿道夫的信中提到，据统计每 100 万人中平均有

6000～8000 名的肺结核患者，因此一个拥有 3000 万人口的国家，至少有 18 万结核病患者。按研究所每天生产 500 份结核菌素计算，一年的利润将是 450 万马克。

然而，普鲁士政府并没有完全接受科赫的要求，政府试图通过提供可观的薪酬，说服科赫放弃直接开发、销售结核菌素。但是，科赫拒绝了政府的条件，他试图从美国获得捐赠来建设研究所。之后，在普鲁士王国总理卡普里维的干涉下，科赫没能如愿。在结核菌素遭到巨大争议之后，科赫不得不接受政府的条件，成立受政府管理的传染病研究所。

罗伯特·科赫研究所（Robert Koch Institute），原名为普鲁士皇家传染病研究所，科赫自 1891 年起负责管理，1900 年成为所长。

可见，科赫在从事结核菌素研究时有着强烈的利益取向，为了达成个人的利益需求，他必然不断强化论证结核菌素的治疗作用。

不过，大部分人还是相信科赫不仅仅是为了利益而从事结核菌素研究的，之所以科赫急着在第十届国际医学大会上发布不成熟的研究，是因为受到了来自多方面的压力。

1890 年 11 月 29 日，《柳叶刀》上的一篇文章中就提到，科赫本人实际上并不急于发表有关结核病药物的研究成果，只是在政府和同事的压力下，才不得不在国际医学大会上公开了这一不成熟的研究。

科赫的压力很大程度上来源于法国老对手巴斯德的竞争。由于科赫 1885 年入职柏林大学之后，一直没有做出重要的研究成果，因此当巴斯德于 1885 年成功运用狂犬疫苗救治了一名小男孩后，巴斯德的国际声誉便逐渐超过了科赫。

由于狂犬疫苗取得了巨大成功，并产生了广泛影响，1888 年巴斯德拥有了一所以自己名字命名的细菌学研究所——巴斯德研究所。这样的研究所一直都是科赫梦寐以求的。

面对法国在细菌学研究方面的赶超，德国政府不断向科赫施加压力，为了国家的荣耀和自己的声誉，科赫不得不奋勇向前，力求在细菌学研究方面取得新的突破，从而摆脱法国对手的纠缠。除了来自法国竞争对手和德国政府的压力，1890—1891 年科赫的助手埃米尔·阿道夫·冯·贝林（Emil Adolf von Behring）和学生北里柴三郎（Kitasato Shibasaburo）合作开发白喉和破伤风血清疗法取得成功，无疑也给科赫增加了很大的压力。

不论是出于个人的追求，还是来自政府和同行的压力，1889 年科赫都有必要重返实验室，寻找一种能够对抗传播范围极广、危害极大的传染病（结核病）的药物，并有必要在短期内就拿出令学界高度关注的原创性成果来证明自己的实力。因此，当动物实验初见成效后，科赫就立即公布成果，很可能是在外部压力下做出的一个错误的选择。

全面理解科学

从科赫的故事中我们可以明显地看到，科学与社会有着密不可分的关系。科赫坚持结核菌素的治疗价值，有其科学依据，也存在个人和社会因素的影响。科学不仅是一种知识体系，还是一种社会活动。

因此，不论是科学家还是公众，都需要对科学有一种全面的理解。科学家应该积极地遵守默顿提出的科学家的行为规范——普遍性、公有性、无私利性和有条理的怀疑精神，以此凸显科学所独有的文化和精神气质。

公众应该积极主动地提高自身科学文化素质，全面理解科学、参与科学。社会各界，尤其是政府应充分理解并严格遵循科学发展的规律，深化体制机制改革，营造良好的科学文化氛围，保障科学知识的生产和传播，以及公众参与科学的权益。

可以相信随着公众科学文化素质的提高和制度的健全，像"双黄连事件"这样的抢购现象会不断减少，科学家也不会再成为盲目抢购现象的推动者。

（本文作者　夏钊）

参考文献

［1］KOCH R. The etiology of tuberculosis［A］// Carter K C（Transl.）. Essays of Robert Koch［M］. Westport: Greenwood Press, 1987: 83.

［2］BROCK T D. Robert Koch: a Life in medicine and bacteriology［M］. Washington, D.C.: ASM Press, 1998: 207–209.

［3］GRADMANN C. Robert Koch and the whitedeath: from tuberculosis to tuberculin［J］. Microbes and Infection, 2006, 8（1）: 294–301.

［4］KOCH R. Weitere mitteilungen über ein heilmittelgegen tuberkulose［A］// Schwalbe J. Gesammelte Werke von Robert Koch. Bd I［M］. Leipzig: Thieme, 1912: 661–682.

［5］GRADMANN, C. A harmony of illusions:clinical and experimental testing of Robert Koch's tuberculin 1890–1900［J］. Studies in History and Philosophy of Science Part C, 2004, 35（3）: 465–481.

［6］CARTER K. C. Essays of Robert Koch［M］. Westport: Greenwood Press, 1987：134–135.

［7］GRADMANN C. Money and microbes: Robert Koch, tuberculin and the foundation of the Institute for Infectious Diseases in Berlin in 1891［J］. History and Philosophy of the Life Sciences, 2000, 22（1）: 59–79.

［8］BURKE, D. S. Of postulates and peccadilloes: Robert Koch and vaccine（tuberculin）therapy for tuberculosis［J］. Vaccine, 1993, 11（8）: 795–804.

沟通科学的不确定性

决策总是包含着不确定性。一方面，不确定性影响事件发展：当我们做出这个选择会发生什么？另一方面，不确定性也与价值选择相关：决策结果不能尽善尽美时，我们更应关注的是什么？

科学研究可以减少这两类不确定性。以澄清事实为导向的研究能够一定程度上为具体问题提供答案，包括输油管道质量监测与维护、减肥手术后恢复期长短，以及自行车头盔防护强度等具体问题；以明确价值观为导向的研究则能够为人们的生活提供一些解释，例如何种形式的慈善捐助可以使捐赠者获得最多满足感、人们立下长期目标会产生何种结果、意外之财（如彩票中奖）能给人带来多少快乐、飞来横祸（如严重的事故）能给人造成多大痛苦等问题。

充分利用科学研究的前提是了解其不确定性。盲目信赖科学的决策者可能会不够谨慎而陷入意外困境，而不够相信科学的决策者往往会因为浪费时间收集无用信息而错失机会。因此，表达出科学研究中的不确定性对于科学沟通至关重要。那些关于不确定性的科学论述本身正是我们应对不确定性的重要理论资源。一般来说，相关科学论述所提供的细节可能多于决策者所需，也可能不足以支撑决策。在一种极端情况下，过于冗余的科学论述可能包含着多到专家都难以应付的细枝末节；在另一种极端情况下，有些科学论述忽略了一些原本很重要的不确定性，它们通常是该领域内不言自明的共识。

因此沟通科学的不确定性既要有简洁的表达，也需要必要的复杂化呈现。一方面，它所揭示的不确定性必须精简到仅保留影响决策的相关因素；另一方面，科学论述中忽略的不确定性也应当被列出。增删的原则是服务于决策的需要，一些决策（如是否重新审查灾难应急计划）可能需要很多不确定性（如怎样完善对风暴潮的预测）的支持；而另一些不确定性（如是否购买货币化证券）则对细节（如有关资本市场流动性的假设）高度敏感。一旦沟通者确定什么科学内容值得被了解，他们可以筛选出决策者已知的信息进而更有效地传达那些应知信息。

沟通科学不确定性的首要任务是确定沟通的内容，具体因决策类型而异。个体决策可以分为以下三大类：①关于行动临界点的决策：现在到采取行动的时候了吗？②针对有固定选项的决策：哪一个选择是最优的？③对潜在的选项进行决策：有哪些可能性？

为每一类决策的不确定性进行沟通需要：①识别出与决策密切相关的问题来描述其不确定性；②以有用的形式总结相关信息来评估不确定性；③通过创建能够提供做决策需要的相应细节的信息来表达清楚这种不确定性。在考察实现上述任务的科学基础后，我们提出了一套基于相关领域资深科学家研究的有关不确定性的标准范式，服务于那些需要深入了解的决策者。

关于行动临界点的决策：现在是采取行动的时候吗？

这是最简单有时也是最重要的沟通告知行为，当证据表明达到了开始的临界点就会触发行动，科学分析可能会成为触发因素，例如人们前往（或离开）风暴避难所、开始（或停止）疾病治疗等。但为行动决策设置临界点也涉及价值取向问题，例如何种级别的龙卷风预警刚好可以平衡破坏与保护，什么样的医疗指南在相关治疗方案的好处和不确定风险之间达到了权衡等。因此沟通时必须同时考虑到科学家提供的事实依据和决策者的价值取向的不确定性。

描述不确定性

人们往往通过科学给出建议的明智与否来判断相应科学内容的价值。采取行动是会保护生命、健康、利润，还是会导致不必要的疏散避难、手术操作、资产抛售？对于单个事件而言，决策者难以靠自己厘清所有相关事实证据和决策规则，需要了解形成决策建议的理由有哪些；而多个事件能使决策者通过决策和结果的模式来推断出科学依据的质量和相关决策规则。

参照信号检测理论的公式表达，以 d' 代表科学的质量（即科学研究能够反映客观现实的程度），β 代表决策规则（即在可能的结果中进行权衡），可对具体的案例进行实证研究。以一项关于是否将急诊室患者从地区医院转入医疗中心的评估研究为例，决策的临界值越高，表示决策越谨慎（β），较高的感知灵敏度值表示较好的分辨能力（d'），由于病情诊断难度存在差异，专家的辨别能力也显示出差异；对于不同的患者个案，专家采用的决策规则也各不相同。

在决策层面，如果决策者对 d' 的评估不准确，可能会对科学产生不当信任，对新信息予以过度关注并且过度储备相应资源；如果他们对 β 的评估不准确，则会承担额外的风险——听从那些不符合需求的建议从而感觉受到了专家误导。

评估不确定性

对 d' 和 β 进行评估的精确程度取决于决策需要。有时决策者只需要大致了解专家掌握的信息和决策规则的价值取向；有时他们需要更精准地把握这两个参数。要对两个参数进行推测的情况比已知一个参数估算另一个参数的情况更加困难。专家可以通过对决策规则的沟通来消除价值层面

（β）的不确定性，只保留在专业领域内知识（d'）的不确定性。

除了认清专家的理念与价值观之外，还有一种方法是启发决策者达成共识。专家启发必须平衡决策者获得精准答案的诉求和受访专家将知识转化到所需议题上的能力。例如，与其问人们为什么会得出某一结论，不如鼓励他们在推断时大胆思考，避免其答案受到直觉因素的影响。

表达不确定性

有效的沟通需要清晰的、便于理解的表达。如果科学家常用的术语难以理解，可能需要换一个更为人所熟知的表达方式（如使用"放弃找工作"代替"退出劳动力市场"）。一旦使用明确的表达方式，决策者就能进一步考量 d' 和 β。但当他们提出诸如"为何该领域存在这么多争议"以及"专家在提出建议时，对我这类人了解或关心多少"的问题时，他们必须依赖于对专家知识和价值观的信任。

如果信息接收者不明白那些直接的建议往往同时反映了这两个参数，就会产生严重的误解。当问题出在医生的判断上（如忽视了严重的症状），未能将重病患者转移到医疗中心，可能会因其决策规则（如希望将业务保留在本机构内）而受到指责。和其他沟通一样，对科学信息的接受程度取决于接收者已经知道的内容。有时对 β 的了解可以用于推断 d'，例如，有些人已知美国食品药品管理局（Food and Drug Administration，简称 FDA）对于批准药品的 β，是该药品"可能适用于部分患者"，那么当他们看到"FDA 批准"的决策后就会更了解这其中牵涉的可接受的权衡。

有固定选项的决策：哪一个选择是最优的？

有的科学沟通会提供若干可供选择的选项，有的仅告知既定选项并让接收者根据自身价值观念做出判断。有关不确定性的信息就可以如此应用，例如告知患者已知的新旧药物的主要利弊。

描述不确定性

敏感性分析是评估不确定性的常用方法。该方法会提出诸如"对全球平均温度变化的了解对您的能源使用有影响吗？""前列腺特异性抗原检测结果会影响到您的前列腺切除手术决定吗？"等问题，如果答案是否定的，那么相关不确定性对决策影响不大；如果答案是肯定的，就应让专家围绕不确定性做出判断。有学者请 16 位气候专家判断了如果大气层中二氧化碳浓度增加一倍全球地表平均温度情况，大多数人知道结果中的极端情况就够了（如"即使升高 3℃的概率仅有 5%，我也会支持激进的碳税"），而投资碳排放许可行业的人有必要了解更具体的概率分布。

概率分布能否描述所有有用的不确定性是学界中的一个争议点。一些决策理论学者认为，当人们不知道概率大小时，高阶不确定性是有用的；另一些学者认为所有理念都应被简化为单一分布。分析高阶不确定性是为了让决策者做好应对意外的准备。

评估不确定性

科学家通常使用统计方法来评估研究数据的可变性。运用假设的计算可能增加统计推断的不确定性，而分析前的数据处理方式也可能增加不确定性。政治民调中的一些筛选性问题（如"您对副州长竞选的关注是否足以回答下面的问题？"）会纳入或排除一些调查样本，方法研究可以评估此类不确定性。统计方法也可以总结分析复杂模型（如气候、流行病学和国家经济的仿真模型）估计结果的可变性。建模者在创建和评估模型时做出的假设增加了所使用的数据中已知的不确定性，科学团体会召集专家就某一议题的不确定性进行评估谋求共识。

作为补充性手段，可要求专家审查自身研究中关键不确定性的来源。在一个评估旨在减少居民用电的方案现场的不确定性的案例中，参与者的行为表现可能会因为已知自己正在参与研究而出现偏差，这被称为霍桑效应。另一项测量霍桑效应的研究结果有助于降低电场试验的不确定性——研究发现在居民收到告知参与用电研究的卡片后的一个月内，其用电量减少了 2.7%。

表达不确定性

如果科学家未能如上述案例那样对不确定性做出评估，决策者就要靠自己做出判断。众所周知的启发式与成见研究预测人们对不同任务的成见表现会有所差异，当人们接收到并回忆起具有代表性的样本时，普遍性启发方式有助其产生良好的判断。当锚定对象显著时，锚定——调整的启发式想法是有用的；然而当表象具有欺骗性时，同样的启发方式会令人产生难以察觉的偏差，导致人们自信地做出错误的判断。

当不确定性产生于科学的局限性时，决策者必须依赖科学家群体来发现和分享问题。科学研究中的精确性为沟通奠定了基础，减少了其他人对直觉的依赖。研究表明，大多数人能够从药品说明书的数据性描述和文字性描述中提取所需信息。但如果这种概括不够精确，接收者就只能凭直觉猜测，例如政府间气候变化专门委员会发布的有关气候问题不确定性的表达容易使外行人产生高度差异化的理解。

对潜在的选项进行决策：什么是可能的？

有些决策者既不愿等待可实施既定选项的信号，也不从固定选项中做出选择，而是试图创建一个新的选项。他们首先需要了解与诸事如何运作相关的科学，从而设计出应对它们的方法，不确定性是他们必须了解的一部分。

描述不确定性

图1反映了饮用水安全决策相关科学的组织方法。在这一影响关系图

中，节点是变量，连接线表示关系，箭头表示知道尾部变量值会影响对前端变量的预测。该模型可以进行模拟预测，对具体变量进行赋值，然后使用其预测结果。虽然发达国家的消费者很少考虑饮用水安全问题，但他们仍需要监测环境变化（如自己家里的自来水有没有出现浑浊）。

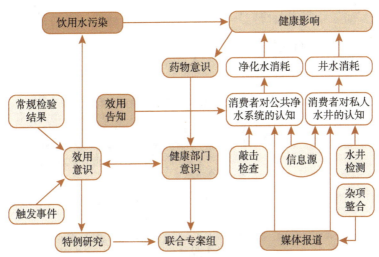

图1　饮用水污染不确定性应对影响关系图

当模型忽略了一些变量或关系时，就会出现更多不确定性，例如能源模型经常忽略社会因素（如人们能在多短时间内接受其反对的新技术）。识别出这些不确定性需要洞察力和谦逊的态度，而评估其影响则需进行深入的研究。

评估不确定性

评估不确定性通常会运行已采样赋值的模型，观察模型预测对不确定性的敏感程度。如果预测结果不尽人意，添加参数可能会创建更多更好的选项。例如，应用图1所示模拟模型发现，由于病原体难以检测，即使进行充分沟通也不能减少隐孢子虫污染对人群健康的影响；但如果在这一模型中加入保护弱势群体的选项（如向艾滋病患者提供瓶装水），就可能改善结果。

正如建模者必须评估忽略掉模型中的因素所产生的不确定性一样，科学家也必须评估那些科学界经常忽略或认为理所当然的因素所带来的不确定性。表1列出了决策实验的四种常见特质，它们可能会影响实验中的观察结果，如果一个实验研究具备这些特质，那么研究结果通常是可靠的，否则可能会产生不确定性。

表 1　决策实验的四种常见性质及其对测试参与者表现的潜在影响

序号	决策实验的常见性质	对测试参与者表现的潜在影响
1	描述很清晰	如果排除了日常生活的混乱，则可以产生更好的决策；如果排除了至关重要的环境，比如其他人所做的选择，则会造成更糟糕的决策
2	任务风险低	如果能减少压力，则可以产生更好的决策；如果能减少动力，则会造成更糟糕的决策
3	获得大学伦理委员会批准	如果降低了参与者对被欺骗的担忧，则可以产生更好的决策；如果受制于人为因素，则会造成更糟糕的决策
4	关注研究人员的兴趣	如果研究人员致力于服务决策，则可以产生更好的决策；如果研究人员致力于记录偏差，则会造成更糟糕的决策

所有学科都可以总结出较为普遍的不确定性——使用计算机建模的领域可以通过忽略难以量化的因素来评估其不确定性；依赖于定性分析的领域可以评估专家判断差异造成的不确定性。NUSAP[①]符号系统从数字、单位、适用范围、评价和谱系等维度来评估不确定性，如果研究团体忽视了相关准则，不确定性就会被严重低估。例如，具有里程碑意义的反应堆安全研究评估了核电站的物质层面威胁因素，但忽视了人为因素，包括设计

———————
① NUSAP 是数字（Numeral）、单位（Unit）、适用范围（Spread）、评价（Assessment）和谱系（Pedigree）这组词英文首字母的缩写，通过该符号系统可以正确、简洁地表述各种不确定性，保证科学咨询的质量。

缺陷、松散的管理制度、不友好的使用界面和繁重的工作日程等（所有这些因素都可以在三里岛、切尔诺贝利、福岛等核事故中见到）。相反，航空领域通过解决仪表设计和驾驶舱团队动力学相关的人为因素造成的问题降低了不确定性。

表达不确定性

要创新决策选项，人们首先需要了解事物工作原理的科学，相关知识获得模式通常可以用心智模型呈现。不同领域的心智模型研究对比了外行模型和专家模型，可以识别出哪些变量和信息是人们需要获得帮助的，哪些事实是广为人知的。外行可能会误解模型中的某个变量，人们也可能会误解或忽视其中一些要素或关系，他们可以了解其科学原理，但很少获知相关的不确定性；如果这些复杂的关系没有直观地表现出来，接收者就难以将各部分信息整合到一起。

当不确定性信息不够直观，人们需要解释；如果相关科学知识是人们陌生的，那么科学沟通还应包括一些科学教育；如果科学的论述令人困惑，那么沟通可能要在解释争论和解决不确定性上发挥作用。

引导不确定性

科学传播的驱动力是公众需要知道什么，而不是科学家想说什么。掌握决策须知的不确定性能使许多外行人成为某一领域的"专家"，而满足决策者的诉求又迫使科学家成为了解接收者的专家。专家可以学习创建标准化的不确定性报告格式，决策者可以学习如何从中获取信息。广泛使用和接受的主观概率分布是其中一种形式；信号检测理论的另一种标准报告方法是使用定量估计 d' 和 β；影响图以图像的形式提供了对分析问题所需要的关键要素的精准表达。

可变性

所有测量都因过程中的不确定性而产生可变性。科学家们会估计差异，定期分享这些估算值的成本并不高。通过确定的数字格式进行估计是必需的，因为口语化的量词（如"很大差异"）不适用于跟不熟悉该领域的人进行沟通，专业调查研究中所使用的 $\pm X\%$ 格式就是一个例子。

内部效度

临床实验协定要求研究者评估并公布对实验有效性威胁最大的不确定因素。除了实验性研究，观察性研究中也存在类似情况。例如，实验性研究中当个体不是随机地分配到实验组时，就会出现选择偏差；在观察性研究中，类似的偏差来自对干扰因素（如年龄和行为组间相关性受到的群体差异影响）的忽略。

外部效度

决策者需要知道科学家在科研语境下提炼出的结果的可信度。有时科学家掌握的依据可以限制这种不确定性（如尽管这项研究以女性为研究对象，但这种行为在性别上没有差异）；有时科学家也难以厘清（如没人研究过男性）。

科学性

可应用 NUSAP 框架对不同领域进行四个维度的谱系分析，表现最佳的领域因为有可靠的实验方法和收敛结果支持而具有较强的理论基础；表现最弱的领域对所观测的数据解释最少，可以说某一领域科学表现越弱，其不确定性就越大。

结 论

沟通科学的不确定性需要识别出与接收者决策相关的事实，描述相关的不确定性并评估其大小，写下可能的选项方案并评估它们是否成功。要完成这些任务需要科学家的支持，需要有充分的资源用于分析、启发信息，还应请科学家进行交流与来减少不确定性的机会成本。

制定和实施标准化的不确定性报告方案有助于优化科学沟通。虽然评估不确定性是所有科学都应重视的核心任务，但给出相关报告并不是科学家必须做的。FDA 已经采用了成熟的标准格式来总结其批准药物相关的支持证据和不确定性，药品的说明书也使用了类似策略。开放数据运动同样要求记录科学研究的不确定性，减少"文件抽屉问题（也称发表偏倚）"，即科学家为证实假设而抛弃不一致结果的情况从而给其发表的科学成果带来无法测量的不确定性。

对于科学家而言，不确定性会遮蔽理论的问题；对于依赖科学的人而言，不确定性会干扰其决策。那些等待行动信号的人需要知道现有的证据是否足够支持其决策原则从而开始行动；那些在固定选项中做选择的人需要知道预测结果的可信程度；那些创造选项的人需要明白自己对那些影响结果的过程的理解程度。

致谢

感谢原文第一作者 Baruch Fischhoff 教授同意翻译和使用该文章，感谢作者的博士生杨妍然在翻译过程中为译者提供的专业支持和修改建议。

（本文译者　王唯滢）

参考文献

［1］FISCHHOFF B, DAVIS A, et al. Communicating scientific uncertainty ［J］. Proceedings of the National Academy of Sciences of the United States of America, 2014.

科学的形象

正确认知和理解科学

从本质上看，科学是一个开放的、复杂的知识体系，其内部不断地进行着动态的自我反思、修正、调整、扬弃和更新。从功能上看，科学是有限度的，既不能将科学视为解决问题的万能灵药，也不能将科学仅视为带来破坏的洪水猛兽。唯科学主义无视科学的有限性，从而陷入对科学的盲目崇拜；反科学主义恣意夸大科学的有限性，从而陷入对科学的恣意攻击和否定。从发展和传播过程看，科学不是一个孤立存在的思想范畴，而是一个与人类社会、经济、宗教和文化等外部因素之间发生着物质、信息和能量交换的动态过程。特别是科学研究和传播担负着人类永续发展的使命，其目的是要造福人类、促进永续发展。然而，科学造福人类是有条件的，从如下分析过程可以看到。

命题 1：停止一切科学研究和传播意味着人类发展的停滞。

证明：因为现代人类社会的发展主要是靠科技进步推动的，因此停止一切科学研究和传播意味着科学技术进步终止，也因此意味着人类社会发展停滞。

推论 1：放弃科学和一切科学研究和传播意味着人类屈服于自然力，只能被动接受自然界的安排。

推论 2：离开科学，人类不可能永续发展，必定在未来某一时间毁于自然力。

命题 2：科学研究和传播能够降低人类生存的风险，但是这是有条件的，必要条件是科学研究的成果不被滥用。

由此，我们应正确认知和理解科学的本质、功能和其发展与传播过程，而不是不分青红皂白地盲目怀疑、抵制和否定科学认知模式和方法。历史证明，科学认知模式和方法已经发挥了并正在发挥着不可替代的积极作用。

还原真实科学形象，正确看待科学

传统科学观给人们留下的科学形象是简单的、平面化的，科学倾向于研究自然、非人的方面。随着制约和阻碍科学传播的社会文化思潮的冲击，使得科学形象越来越直观化、立体化和多元化，迫使人们更新和丰富科学形象。通过对科学本身的反思可以发现，科学不应是传统所指认的单一的、一元的和非人的形象，而是两种相互交替的科学形象：一种是温伯格阐述的科学形象，即大多数职业科学家的自我形象。这种形象是现代科学中一种深入自信的表现；另一种是尼采阐述的科学形象，即不能超越界限的自然科学的形象。第一种科学形象是近代以来科学革命的英雄主义、乐观主义形象，而第二种形象是自 18—19 世纪以来反科学透镜中的科学平庸、损美、败德和无人性等"他者"的形象。莫兰的总结可以看作是对上述两种科学形象本质和关系的进一步阐发。在他看来，科学知识的前所未有的进步与无知的多样形式的进展相关联；科学造福方面的进展与它有害的或甚至致死的方面的进展相关联；科学力量的日益增长与科学家们在控制这种力量方面的日益增长的无能相关联。正是科学的第二种形象的出现，使得公众对科学的认知走向极端，比如他们认为科学是危险的，因为科学家主张价值中立，所以他们是不负责任的；科学家使用一种特权知识模式会得出不合适的观点。有些公众甚至激进地提出，科学与生活真正关注的事情无关，它是疏远的、无聊的。

针对科学形象的本质和特点，卡拉柯夫概括了自近代以来大众对科学持有的两种基本态度：一种是对知识和驾驭自然的力量有一种强烈的爱好；另一种是拒斥科学，这种拒斥要么基于科学对发现真理将会是无能为力的认识，反之则基于一种对科学过度有效性的恐惧，由此，可以将他的概括简单理解为崇尚、信仰科学和拒斥、否定科学。2000 年年初，奥格瓦更为具体地分析了公众对待科学的三种基本态度：第一种态度是指一个人是否理解科学（区分为具备科学素养与科盲）；第二种态度表明一个更感性、主观的方面，是指一个人是否支持科学（区分为唯科学和反科学）；第三种态度是应对意识形态信念提出来的，即科学知识是在任何语境中被运用的唯一有效的知识形式。这种信念通常被称为"科学主义"，也就是科学被认为是超过所有其他知识形式的特权知识（区分为唯科学主义与反科学主义）。他坚持认为，人们对科学的立场受他们怎样选择如上三种态度的影响。奥格瓦的划分建构了公众如何对待科学的一个简化框架。然而，公众对待科学的态度是由公众的思维、习惯和心智框架等内在因素和宗教信仰、教育观念、文化习俗、政治体制和经济制度等外在因素共同作用而形成的（图1）。外在因素从价值和技术角度影响着公众对待科学的态度和行为，而内在因素则从心理和生理角度决定了公众对科学采取不同的态度和倾向。

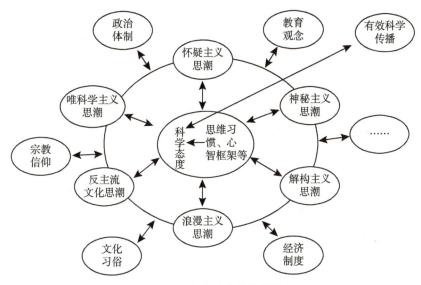

图1 科学态度形成的内外因素

传播和弘扬科学精神

传播和弘扬科学精神是推动科技进步的动力。科学精神是科学的本质，是科学文化的观念内核。各种反科学和伪科学则试图取代科学的本质和内核——科学精神，毁誉科学形象，危害人类进步和持续发展。从社会发展的历史和现实来看，科学总是面临诸多的压制甚至迫害，各股制约和阻碍科学传播的力量不但企图瓦解科学认知纲领和根本基础，而且抑制和破坏科学的健康传播。从我国来看，西方科学在中国大规模的传播已有百年的历史。20世纪初的新文化运动将科学知识和科学精神传入中国。然而，抵制科学的倾向和现象也随之侵入并在公众中相当流行。当时就有学者主张遏制这种现象，积极倡导科学精神，例如，秉农山等人曾提出："吾人欲振起国人之萎敝，唯有诉诸科学之精神，对症施药而已。盖今日世界之人类，未有不恃科学以图生存者。其有反科学者，皆不能存于天壤之间。缺乏科学之知识及技能，其害固大，而缺乏科学之精神，其国家必日见剥削，其种族必不免于沦亡，救国家者，必以提倡科学精神为先务。"科学在我国传播的早期，其精神实质、内涵和作用早已被融入知识分子的救国思想之中。

自中华人民共和国成立以来，虽然科学知识得到广泛传播，但是科学精神没有从学界、知识界真正传播到公众头脑中，致使迷信、伪科学和反科学等现象频频出现，对我国经济和文化建设产生了诸多不良影响。鉴于此，李醒民积极倡言，要把科学精神注入我们的文化基因，使科学精神成为国民的自觉追求，中国的现代化和文化强国才能更快实现，并为世界文化发展做出贡献。因此，只有将科学精神真正内化到国人文化血脉之中，将科学文化与我国传统文化圆融一体，才能更好地防范和抵制那些阻碍科学的文化思潮所带来的潜在危害。

（本文作者　孙红霞）

参考文献

[1] BABICH B E, ed. Nietzsche, epistemology, and philosophy of science [C]. Kluwer Academic Publishers, 1999: xvi.

[2] 莫兰. 复杂思想：自觉的科学 [M]. 陈一壮，译. 北京：北京大学出版社，2001: 5.

[3] HASTE H. Myths, monsters, and morality understanding "antiscience" and the media message [J]. Interdisciplinary Science Review, 1997 (2): 114-120.

[4] STOCKLMAYER S, GORE M, BRYANT C, et al. Science communication in theory and practice [C]. Kluwer Academic Publishers, 2001: 31.

[5] 李醒民. 关于科学精神研究的几个问题 [J]. 哲学门，2003 (1): 149.

[6] 李醒民. 把科学精神注入我们的文化基因 [J]. 民主与科学，2012 (1): 16-17.

[7] 贝尔纳. 历史上的科学 [M]. 伍况甫，译. 北京：科学出版社，1959: 序言.

人文意蕴篇

人文主义不是也不可能是任何一群人的专利品；增加生命的智力价值是所有努力的结果，它是所有无私的努力，从最谦卑的到最崇高的努力的总和。

——萨顿

再论"两种文化"

1959 年，查尔斯·斯诺（ C. P. Snow，1905—1980 ）在剑桥做了"两种文化"的演讲，引起了人们对科学文化与人文文化的广泛讨论。

斯诺的基本观点可以概括为三个方面：①"两种文化"有着完全不同的群体，人文文化的代表是文学知识分子，科学文化的代表是科学家，尤其是自然科学家；②"两种文化"之间存在着一条不可逾越的鸿沟，它们之间充满偏见，缺乏了解，不仅在学术观点上有所分歧，在伦理道德层面也丝毫没有共同之处；③产生这种分裂的主要原因是英国教育的持续专业化和社会形态的僵化，也正是因为社会形态的僵化使得英国比任何国家都难以重建教育系统，从而造成了科学与人文之间无法沟通交流的困境。要解决这种困境需要进行教育改革，普及科学文化。

对科学家而言，如果他们了解斯诺的观点，那么这种褒扬科学、贬义人文的说法，自然会使他们充满优越感和自豪感，因为斯诺的落脚点是英国传统文化对科学文化的阻碍，他倡导的是一种以科学为核心的文化。对人文学者而言，则可以看出他们从两种不同的立场出发，来利用科学与人文的对立。保守的人文学者，利用这种对立来排除"物质的、非人文主义层面的"科学，以防科学侵入人文世界；激进的人文学者，则利用这种对立来排除"霸权的、社会专制的"科学，保持激进的人文世界的独立自主性。甚至在斯诺提出"两种文化"这一概念之前，就以在科学与人文之间建立沟通桥梁为己任的科学史学科，也抵不住诱惑要去使用斯诺的概念来证明自身存在的合法性——科学与人文的鸿沟需要科学史来联结。

然而，斯诺对"两种文化"区分是否真的客观合理呢？许多学者对斯诺的概念产生了质疑。质疑他区分的两个群体是否能够真正代表"两种文化"？质疑"两种文化"不可逾越的鸿沟是否真的存在？质疑"两种文化"究竟指的是什么？类似的问题还有很多。但是，想要批评斯诺"两种文化"是特别困难的。一般人都会认为科学和人文的区分是合理性的，在以往的认知概念中确实存在两者之间的差异。科学家更是与斯诺站在同一战线，因为斯诺本身就是站在科学一方。这就使得一些批判很容易被压制，尤其是来自非科学群体的批判，他们经常被视为一群自尊心受损的人，甚至被认为是印证科学与人文之间存在不可逾越的鸿沟的例证。

如果说纯粹概念式的质疑和理论内部的讨论走不通的话，近年来"科学技术与社会"（Science Technology and Society，简称 STS）的研究方式或许可以拓宽一些思路。我们可以试着去探讨"两种文化"在科普写作脉络中的影响和其在 20 世纪英国的地位，以及其自身利益的出发点。

"两种文化"在 20 世纪英国的科普作品中显得极其典型。主要表现为：①对科学与技术极力地抬高与颂扬；②极其关切英国的"衰退"；③认为文学与古典文化是阻碍英国科学发展的罪魁祸首；④站在科技官僚的立场上批判英国发展。这些观点已经成为评论英国科技的主流观点。然而，通过对英国科技史的简单考察，我们就会发现这些观点缺乏对史实的研究，甚至掩盖了英国科技的发展情况。

斯诺对英国科技的描述有取有舍，他相当系统地把科学和技术从英国的历史中抹杀掉了。斯诺的科技史观以第一次和第二次工业革命为核心，他认为英国的传统文化忽视或厌恶工业革命，并且没有对其产生任何贡献，英国的大学和工业革命完全没有关系，因为国家的教育没有配合科学革命，才使得英国科技越发衰落。斯诺的这些论述让人太过熟悉——这正是标准的英国科技衰退式的故事。它令人可信也只是因为它太家喻户晓了。但静心思考，就会发现他的论述完全偏离了史实。他对英国科学技术薄弱的强调，几乎把英国科学技术等同于不存在，即使有的话，地位也是每况愈下。然而，根据科学技术史研究，17世纪和18世纪的英国是世界科学技术的活动中心，虽然18世纪以后，法国、德国、美国相继成为新的科学技术活动中心，但这并不代表英国科技的衰落，实际上英国的科学技术始终稳步提升，一直处于世界前列。单以诺贝尔科学奖获奖数为例，英国就始终排列前三。近年来也有越来越多关于19世纪和20世纪英国科学与技术的文献，可以证明科学在英国文化中所处的中心位置，英国即便不是一个特别科学化与技术化的国家，至少也不比其他的国家落后多少。说英国科学技术"衰退"和文学与古典文化阻碍科学发展是值得商榷的。

此外，斯诺提出的解决文化差异的方式极其不成比例。他仅提倡对科学技术教育的扩展，尤其是在大学中对科学技术的普及，认为只要政客、行政官员和整个社会的成员有足够的科学素养，就可以理解科学家到底在说什么，从而解决两种文化的问题。对人文可能产生的影响只字未提。这就不得不让人思考他的出发点，作为一名科学技术官僚对科学技术的抬高与颂扬是否存在利益的纷争。

讽刺的是，斯诺自身也是其提出的命题的活生生的反例。他不仅结合了他自己的两种文化，并且还到处伸展自己的权利。在不同的场合，他可以是一名小说家、科学家、学者、公务员、政府官员，或是一名企业家，科学与人文的身份在他身上并没有显示出对立与不相容。此外，并不是因为他是一个小说家，所以他才成为一个公务员，或是英国电气委员会的一员，也不是因为身为斯诺爵士，才成为一个技术部的副部长。要说人文对科学具有阻碍作用，起码在斯诺身上这一点并不明显。更重要的是，英国文化对他提出的命题具有的那种包容性——既特别又持续，这种包容性本身就推翻了他的论点。

反观当下的中国社会，在人们还没有搞清楚科学和人文之间有什么联系的情况下，唯科学主义就已经占了上风。在没有充足史实的支撑下，"中国传统文化阻碍了中国科学技术的发展"似乎已经成为人们的共识。中国不仅接受了斯诺的观点，还产生了千千万万个"斯诺"非理性地为科学摇旗呐喊。这不是科学文化，科学文化讲求的是实事求是，而不是简单地通过隐藏事实、贬低其他文化或从利益出发来抬高自身的地位。我们承认科学文化与人文文化之间存在差别，但是毫无事实根据地夸大这种差别，就其本质而言是对科学精神的违背。

通过对斯诺命题的讨论，我们可以得出以下几点启示：①家喻户晓的、广为流传的、被大众所欢迎的知识并不一定是正确的知识，科学的传播必须以事实为基础，避免以讹传讹、人云亦云；②科学知识的传播有自身的立场和目标，但不能站在科学的立场上，利用科学的权威来排斥、贬低其他知识，科学文化不是强权文化，而是以理服人的文化；③科学与人文之间存在差异，但并不是完全的隔绝，二者并不是一种相互阻碍的关系，反而更可能是一种相互促进的关系，双方应该放下偏见，客观理性地进行沟通交流。

（本文作者　夏钊）

参考文献

[1] C.P. 斯诺. 两种文化 [M]. 陈克艰，秦小虎，译. 上海：上海科学技术出版社，2003.

[2] 吴嘉苓，傅大为，雷祥麟. 科技渴望社会 [M]. 新北：群学出版有限公司，2004，107-122.

新时代的科学文化

无神论是人类文明发展的结晶。广义上讲，无神论是不相信一切造物主和灵魂存在的思想。无神论讲究实事求是、客观公正、有理有据，承认科学探寻物质世界。科学无神论则更为进步，是马克思主义宗教观的基石。科学无神论是一种世界观和思维方式，不是反宗教的，而是理性贯彻宗教信仰自由的。科学无神论也为科学教育、科学普及提供思维导向，引导社会摆脱愚昧迷信，使个体得到独立、自由而全面的发展。

科学普及和科学文化是社会主义文化建设的重要部分，其中弘扬科学精神是二者共同的核心目标。随着科学已深深地渗入人类生活的各个方面，科学左右着人们对于自然的看法，并影响着人们的价值观念、生存方式、思想方式与行为方式。科普和科学文化建设的任务和目标也随之明确，即以弘扬科学精神为核心，在中国形成一种以科学技术为核心的、能够引领公民精神生活的文化形态。这同样也是科学无神论发展的目标。

科学文化的核心是科学精神

科学精神源于科学家群体，伴随近代科学的发展而诞生。它与科学信念、科学方法、科学思想和科学知识等科学的基本要素紧密联系，是逐渐发展起来的科学理念和科学传统的积淀，在科学活动和科学建制中得以践行并被发扬光大，并因其有效性而在社会各个领域和阶层获得广泛认同和应用，在文化层面上成为文化的时代特色之一。

美国科学社会学家默顿（Robert Merton，1910—2003）于1942年提出了科学精神是"用以约束科学家的、有感情色彩的一套规则、规定、惯例、信念、价值观和基本假定的综合体"。或者说，科学家必须具备的精神气质，即普遍性、公有性、无私利性和有条理的怀疑精神。2007年，中国科学院向社会发布的《关于科学理念的宣言》中认为，科学精神是对真理的追求，对创新的尊重，体现为严谨缜密的方法、一种普遍性原则。中国科学技术协会组织编写的《科学道德和学风建设宣讲教育大纲》中提出："科学精神是在长期的科学实践活动中形成的、贯穿于科研活动全过程的共同信念、价值、态度和行为规范的总称。"总之，科学精神可以理解为由全世界不同时代的科学家所默认的信念，体现了科学的传统和价值取向。

科学精神是科学内涵的彰显和延伸。通过与科学有关的传播、学习、训练和研究，将它内化为人的行为框架和习惯、个体的科学态度和科学道德，指导主体进行科学思考。科学精神可以进一步外化为社会的具体制度，为科学发展进而为社会发展提供准则和保证。

因此可以认为，科学精神形成于科学共同体内部，是具有一定传承的价值取向和行为准则，这些准则通过教育、传播与普及，可以成为社会认同和崇尚的一种价值追求和行为规范。科学精神形成风气，成为追崇的风尚，也就形成了科学文化。

科学文化与无神论

科普的实质是建设科学文化。科普是为了提高公民科学素质，指了解必要的科学技术知识，掌握基本的科学方法，树立科学思想，崇尚科学精神，并具有一定的应用它们处理实际问题、参与公共事务的能力，即通常所说的"四科两能力"。

无疑，崇尚科学精神是科普的最高阶段，科学知识、科学方法和科学思想都是为科学精神服务的。科学文化发展中，科学精神也处于核心地位。科学文化通常被认为是一套标准的社会规范形式和不受环境约束的知识形式。这些规范典型地被认为是一套明确限定特定类型的社会行为规则。科学文化最初形成于科学共同体内部，这一团体遵守约定俗成的价值体系，即科学精神，这是科学研究与科学文化在共同体内部的核心，默顿对此有非常详细的论述。

更为广义的科学文化则是科学在逐渐制度化过程中形成的。在科学逐渐成为社会制度化的过程中，科学技术知识对社会发展的影响逐渐增加，公众也越来越认识到科学技术知识在人类整体文化体系中占据突出的地位。科学的文化超越科学共同体内部而发展为普通公众所认同的具有普遍意义的文化。科学文化也由科学共同体这一特定群体下降到社会公众中，科学文化的核心——科学精神也同时成为普通公众了解科学文化必不可少的一部分。

对于社会公众来说，通过科学教育、科学传播与普及来获得对科学精神的理解和认同，这是科学无神论在公众中不断生根并完善的有效途径。针对中国悠久的文化传统和特有的社会语境，一方面，要通过系统的、专业的学校科学教育，让学生掌握基本的科学知识和方法，领会科学精神的含义；另一方面，要通过有效的科普和科学传播，面向整个社会弘扬科学精神，促进公众更好地理解科学，提高公众的科学素养。

科学文化是无神论的重要基石

从科学史的视角看，无神论与科学的发展密不可分。古希腊的启蒙思想家们反对传统宗教，提出了唯物主义世界观，从自然本身说明自然。这种具有启蒙意义的自然哲学启发人们去探索认识自然、理解人生的新路。启蒙时期，英国兴起了自然神论，主张人类天赋的理性才是宗教的基础，企图用理性宗教取代传统的天启宗教。自然科学的新成就，特别是达尔文生物进化论对有神论产生了巨大冲击。随后物理学、生物学等学科的大进展让自然进化概念深入人心，也为无神论奠定了重要的基础。

具备科学精神是坚持科学无神论的基础。无神论的发展过程中，虽然宗教的影响力有所削减，但是在相当大的范围内，以巨大的威力成为公众认识自然的阻力。由于不具备科学精神，理性的信仰与盲从之间缺乏界限，使得很多人陷入盲目崇拜。而具备科学精神，理解如何系统、逻辑地看待问题，则为理性信仰提供了可能，也同时是坚持科学无神论的基础。

建设科学文化是科学无神论的未来发展方向

我国科学文化建设可以从国家、科学共同体及公众几个层面展开，目前我国科学文化建设还需要进一步系统化，注重形成具有民族特色的科学文化观。

科学精神、科学无神论要与传统文化相结合

将弘扬科学精神与中国传统文化相结合，同时，宣扬无神论也不可能脱离传统文化建设。中华文化源远流长，朴素唯物论、无神论在我们的文化长河中占有重要的位置。我们要以文化自觉的态度汲取运用古代无神论思

121

想，古为今用、推陈出新，让传统文化中的精髓散发出新的活力。

建立和完善科学文化教育体系

面向青少年加强科学无神论宣传是最为迫切和必要的。因此，要以弘扬科学精神为核心，完善基础教育阶段的科学教育体系，推动在青少年中形成正确的科学观和信仰观。将科学文化课程纳入高等院校的必修课程体系，重点加强科学精神、科学道德等专题课程，引导学生形成理性思维，能够理解并向他人宣扬无神论思想。要通过科学传播提高公民科学素质，在普通公众中大力宣扬科学精神的重要性，塑造科学理性的社会氛围。

建设社会化的科学无神论宣传网络

科学无神论的社会化宣传网络建设，既是科学文化教育体系的重要补充，又是科学文化建设不可缺少的一部分。相应地，科学文化的社会化宣传网络一方面为提高公民的科学文化素质提供重要的渠道，另一方面也能促进科学文化的不断完善与发展。科学文化的社会化宣传网络包括科学文化设施的建设、科学文化理念的宣讲，以及学术共同体信念面向社会的扩展。可以充分发挥资源优势，利用现有的设施、网络信息资源整理科学文化典籍，保护科学技术文化遗产，使其成为优秀科学传统文化的传承载体。

加强科教基础设施的建设

科教基础设施是科学文化器物层面的重要部分，是发展科学文化必不可少的方面。科教基础设施为公众了解科学，提高科学文化素养提供了物质载体。科教设施的建设包括硬件和软件建设两个方面，一方面要加大投资和建设力度，逐步推进科普场馆等设施建设面积；另一方面则要注重科教设施的内容建设，为受众提供良好的学习资源。

推动科学精神进入社会主流价值构建

当今中国社会所呈现的境况是：一方面，传统价值观念在经受市场经济和西方价值观的冲击以后，难以引导人们的思想和行为；另一方面，新的适合市场经济要求的价值理念尚未形成，以科学技术理性为核心的现代价值体系由于种种原因，又未受到人们的普遍认可。具体可以做好如下三个方面的工作：①研究、发现、选择传统伦理中的合理成分，进一步提取传统价值体系中的科学成分，加以继承和发扬；②研究传播普及科学理性的方式、途径，开发科学精神食粮，满足社会和公众的需要，以期用现代社会的价值理念改造传统价值体系；③研究现代社会发展趋势及其价值走向，把握主流，积极引导，用科学思想和科学精神提升公民的理性意识。

（本文作者　郑念）

参考文献

［1］罗伯特·默顿. 科学社会学［M］. 鲁旭东，林聚任，译. 北京：商务印书馆，2003.

［2］李醒民. 科学的文化意蕴［M］. 北京：高等教育出版社，2007.

［3］郑念，王丽慧，齐培潇. 论科学文化建设对宗教去极端化的作用［J］. 科学与无神论，2016（4）：30-33.

世界上第一个对农药说不的女人

蕾切尔·卡逊女士是一位伟大的科学工作者，她的著作有《海洋三部曲》《惊奇之心》和引发世界环境保护运动的旷世巨作《寂静的春天》。

卡逊女士的职业是海洋生物学家，她在渔业管理局工作。同时她也选择在工作之余发挥余热，用自己的海洋生物学专业知识和优秀的文笔写下了著名的《海洋三部曲》(《海风的下面》《我们身边的海洋》《海洋的边缘》)。我在阅读她的三部曲中，不仅收获了许多的科学知识，还获得了犹如阅读一本文学名著一般的美妙感受。在她的书中，海洋是生机勃勃的，是温暖的，也是浩瀚的，海洋养育了万物。地球的生命源于海洋，人也不例外，海洋确确实实是我们人类的摇篮。即便是人类早已屹立在陆地上的今天，人类的生存、繁衍与发展也无法离开海洋，若海洋生态系统遭到了破坏，那对人类来说将会是一场灾难。

若细心阅读《海洋三部曲》，我们便会发现卡逊随着时间的推移，越来越将人类行为对海洋生态系统的影响作为自己科学普及的重点。她开始号召人们从系统的角度来关注海洋，保护海洋。例如，她在书中指出了野蛮捕鱼将导致海洋生物资源枯竭；生物链将因此断裂，最终破坏我们赖以生存的海洋生物系统；超量抽取河水会造成水资源缺乏而引发一系列严重后果；大气、土壤、水污染将给人类带来生存与发展的灾难。

卡逊是个耐得住寂寞的科学工作者，她的处女作《海风的下面》销量并不好，即便此书受到科学家和文学评论家的好评。可当她写完三部曲的第二部《我们身边的海洋》的时候，她已经站在了科普界的顶端。《我们身边的海洋》连续 86 周荣登《纽约时代》杂志最畅销书籍榜，被《读者文摘》选中，获得自然图书奖，并使卡逊获得了两个荣誉博士学位。甚至还有影视公司看上了这本科普书，将其改编成了纪录片，最后还获得了 1953 年奥斯卡最佳纪录片奖。卡逊名利双收，经济情况有了保障后便于 1952 年辞职，将全部精力投入写作中，最终在 1955 年完成了三部曲的终曲——《海洋的边缘》。此书是卡逊海洋系列的集大成，凝聚了她多年的心血。

《寂静的春天》是她最著名的作品，销量过千万，就像当年达尔文的《物种起源》那样引发了轰动与巨大的争议。这本书缘起于卡逊的朋友，原《波士顿邮报》的作家奥尔加·欧文斯·哈金斯于 1958 年给卡逊写的信。奥尔加在信中写到，1957 年夏天，州政府租用的一架飞机为消灭蚊子喷洒了滴滴涕（以下简称 DDT），飞过她和她丈夫在达克斯伯里的私人禽鸟保护区的上空。第二天，许多鸟死了，她为此感到十分震惊，便怀疑是 DDT 从中作祟。于是，奥尔加给《波士顿先驱报》写了一封长信，又给卡逊写了这个便条，附上这封信的复印件，请这位已经成名的作家朋友在首都华盛顿找找什么人能帮她的忙，不要再发生像这类喷洒的事件了。

卡逊作为一名多年关注人类对生态系统作用的科学工作者，早已对 DDT 对自然环境的影响有所关注。她的两位同事于 20 世纪 40 年代就曾经写过有关 DDT 危害的文章。她自己在 1945 年也给《读者文摘》寄过一篇关于讲述 DDT 危险性的文章，但是遭到了刊物的拒绝。

这封朋友寄来的信件再次燃起了卡逊对人类大量使用以 DDT 为代表的农药的担忧。她开始有一个目标，便是通过一本基于科学的调查、用大量的数据及证据为支撑的书籍来改变人们的观点，引起人们对农药的关注。

把我们的目光放回到 20 世纪 40 年代的美国，在那个年代农药是个奇迹。当年的昆虫还没有产生抗药性，所以看起来昆虫好像被一扫而空。农药无所不能：从森林虫害和各种农作物（如苹果、棉花、玉米等的虫害）到传播疾病的昆虫、恼人的蚊子，任何一切爬行的小东西，农药都可以将它们清除得干干净净。

其中具有强效杀虫功效的 DDT 更是成为农药的代表。DDT 最早是由欧特马·勤德勒于 1874 年首次合成，但是这种化合物具有杀虫剂效果的特性却是 1939 年才被瑞士化学家保罗·米勒所发觉。他于 1948 年因在研制 DDT 方面做出了卓越的贡献而获得了当年的诺贝尔生理学或医学奖。

DDT 直接作用于节肢动物神经细胞膜的钠离子通道，对人体来说相对安全。同时，人体的皮肤可以有效阻碍 DDT 从皮肤进入人体，如第二次世界大战时军方就将大量 DDT 直接向战俘、民众和士兵身上喷射以达到灭蚊灭痢疾的目的。

当年的人们看到人类如此与 DDT 相接触都不会带来什么危害，便开始消除顾虑，安心使用 DDT 了。

此后，大量的欧美化工企业开始生产 DDT。那些企业大亨为了扩大人们对 DDT 的需求更是大肆推广，在推广 DDT 的广告上投入了大量的资金，以让人们相信只要不直接饮用 DDT，它就是安全的。对于生活在 20 世纪 40 年代的孩子来说，最充满生活情趣的事莫过于摇动装满 DDT 的喷雾机的摇泵，喷雾所到之处，虫子在劫难逃。幼小的儿童就在喷雾中呼吸，走在落满死虫子的地上，偶尔恶作剧地向小伙伴喷射一下。

DDT 是真，因为它真的能有效杀死害虫；DDT 是善，因为它确实让人们远离痢疾的威胁；DDT 是美，像 DDT 这样的农药的广泛应用将带给人类一个美好的未来。

在这种环境下，卡逊要想站出来说："不！你们这么做是不对的！如此滥用化学农药将带来灾难!"这将会使她面对怎样的非议。毕竟,在当年,批判 DDT 就是在批判真善美。

但是卡逊并没有退缩,她执笔为剑,剑指那些大量生产化学农药的大企业,为了让她的著作尽可能地有可信度,可以在理性上说服人们,告诫人们滥用农药的危害,她呕心沥血地寻找科学证据,以至于我们可以在《寂静的春天》一书的最后看到长达 50 多页的参考资料。

卡逊花了 4 年的时间撰写《寂静的春天》,终于在 1962 年完成并出版。在犀利的观点、骇人的事实、确凿的证据再加上卡逊本人的名声作用下,此书一出便引起了轰动,甚至成为 20 世纪很有影响力的书籍。

这本惊世之作的畅销必然引起了大量生产农药大企业的不安与愤怒,他们开始从各个角度攻击卡逊,骂她是个不结婚的歇斯底里的老处女、崇拜大自然教的圣女祭司,希望靠这种手段将其打倒。但是,即便他们打倒了卡逊又能改变什么呢?滥用农药的危害不会因为打倒卡逊而消失,就像杀了传来战败消息的传令兵仍无法改变战败的事实一样。

卡逊在书中讲到,DDT 的大范围使用已经从头到脚地损害了整个生物链。整个生态系统,如处于生物链顶端的白头海雕(也就是象征美国的白头鹰)因 DDT 的影响而蛋壳变薄,最终陷入了濒危的境地。读者看到这个具体的例子,便开始反思人类也是生存在生态系统里的一分子。DDT 确实通过皮肤难以进入人体,但是 DDT 可以通过食物链在人体富集最终造成畸胎、代谢异常等后果。

更为可怕的是,DDT 对生态系统的破坏,这种破坏是无差别的,DDT 不像免疫细胞能准确识别靶细胞那样识别物种,农药所到之处,害虫、益虫甚至鸟类、鱼类都会"躺着也中枪",大量处于农药下的小动物都会被无差别地毁灭。这还没完,因为生态系统是紧密联系的,杀了昆虫也意味着消灭了捕食昆虫的动物。广泛应用杀虫剂的结果,就是产生了无生机的森林，春天也因此寂静。

处于"军备竞赛"对方的害虫也不会坐以待毙，因为自然选择的作用，那些带有抗药性的昆虫最终会生存下来。几代过后带有抗药性特征的昆虫将成为种群的主体，农药对它们的作用将越来越有限，最终人们为了消灭害虫而不得不研发更具有破坏性的新农药。长此以往，农药就会变得非常致命，它们最终将消灭人类，就像它们当年消灭了害虫那样。

这是何其恐怖的未来！

虽然卡逊在当年受到了各种不公正、不道德的攻击，但像她那样尊重事实的人也没有退缩，她还是坚持了下来，即便当年的她已经身患癌症。

最终卡逊于 1964 年因癌症与世长辞，但是幸运的是她的努力没有白费。1972 年，美国开始在国内全面停止 DDT 的生产及应用，之后各国纷纷效仿，中国也在 1983 年禁止 DDT 作为农药使用。

愿卡逊的意志得以继承，也愿春天不再寂静。

（本文作者　王仁钦）

参考文献

[1] 蕾切尔·卡逊. 寂静的春天 [M]. 上海：上海译文出版社，2007.

[2] 魏峰，董元华. DDT 引发的争论及启示 [J]. 土壤，2011，43（5）：698–702.

[3] 李孟，楠雷磊，刘欣. DDT 毒性及毒理机制的研究进展 [J]. 绿色科技，2011（10）：114–116.

"科技"阻碍了科学和技术的发展吗

"科技"一词是中国特色的词汇。已有论者对该词的不利方面做了分析。其一，不利于科学及其社会影响。科学与技术捆绑在一起，不利于科学相对独立的发展。科学的一大特点是自由探索，这种精神辐射到社会的其他领域，成为整个社会的精神财富。片面强调实用，那么科学对事实和规律的尊重、合理的怀疑性和有效的科学方法等都会因此而受到削弱。其二，不利于技术与经济的结合。中国工程院院士朱高峰认为，"提升创新能力，首先要改变经济、技术两张皮的现状，其根本方法是要从体制上把技术和科学分开，让技术和经济紧密地结合到一起。"

由此就引起思考：在"科技"一词的背后究竟隐含了什么？捆绑在一起的科技又将我们引向何方？

在被捆绑的科学背后——实践哲学[①]

与技术捆绑在一起的科学突出了"有用"向度，遮蔽了"求真"向度。在此褒贬之间可见中国传统哲学（以下简称中国哲学）的影子。

---

① 在本文的语境中，"实践哲学"实为"实用主义"。

对于中国哲学的特征有很多论述，比如非理性、实践性、入世、直接性、重伦理情感等。其中有些特征在相当程度上可以互易，像实践性和入世等，有些如非理性和直接性等则可以由其他特征推出。此处主要以实践性为出发点来理解中国哲学，进而由此说明与技术捆绑在一起的科学。

张汝伦曾对中国哲学的实践特征做了精辟论述。莱布尼茨（Gottfried Wilhelm Leibniz，1646—1716）在比较中西哲学时认为，"在思考的缜密和理性的思辨方面，显然我们要略胜一筹"，但"在实践哲学方面，即在生活与人类实际方面的伦理以及治国学说方面，我们实在是相形见绌了"。"中国哲学……始终没有离开人间"，也就是所谓"入世"。古代文人出世的最终目的还是为了入世，对此已有很多论述。

实践性本身又有若干特点。其一，具有明确的目的，甚至目的至上。在因果关系中，重要的是结果而不是原因。这一特点与西方哲学主流强烈的因果决定论有根本区别。沈善增先生认为，对机立言、方便说法不但是佛家的立论方式，而且是东方哲学立论的普遍原则，和东方哲学对本质与现象、真理与言说关系的基本观点有关。言说真理是为了能让受众接受后得益，所以怎么利于、便于受者接受，是第一位的问题，至于言说内容本身的绝对真理性通常不予强调。其二，由于实践的多样性，事件和人物本身的个性、历史由来以及当时当地的实际情况各不相同，因而未必有一致的解决方案，适用于此者未必适用于他者。所以，"道可道，非常道"。这不仅是反对在形式逻辑中的精确定义，还是对真理的认识。绝对真理是不能用某种观点（言说）来完全彻底地穷尽、表达的；因而表达出来的观点一定是相对的、有针对性的，同时也就是有界限的。中国哲学不探求现象背后一致的和不变的存在。所表达的观点与特定的对象、历史、语境，以及主体对此的介入不可分割。换言之，主体是在实践的过程中认识。

这样，由实践哲学便可联系到中国哲学的认识论特征：直接性，认识寓于实践之中。提出"北京共识"的雷默也发现，所谓的北京共识"几乎不能成为一种理论。它不相信对每一个问题都采取统一的解决办法……它既讲求实际，又是意识形态，它反映了几乎不区别理论与实践的中国古代哲学观"。

由这样的认识论又可联系到中国哲学的本体论特征。在中国哲学看来，不存在普遍和不变的"存在"，存在的只是"你中有我、我中有你"，以及不断变易的太极图等。张汝伦明确指出，中国古代哲学没有西方哲学中那样的"本体论"问题。认识论中的直接性在本体论中体现为没有超越，没有现象背后的本质，没有以普遍与必然作为说明和统一现象的共同基础。于是，现象即等同于本质。

中国哲学的本体论回过头来又影响认识论。各异的现象缺乏共同的基础，不可能由一种现象经由共同的基础而推知另一类现象；一种现象的发展也无规律可循，无从由此时推知彼时，因而只能通过"渗透"和"互易"之类，以及通过悟性和体验去领悟，这就是"非理性"。

本体论和认识论又共同影响实践活动和价值观。首先，本体论和认识论的淡化必然导致实践的强化甚至实践至上，而实践至上又带来直截了当的功利主义，以成败论英雄。与此对应的是，知识贬值，自由探索精神缺失。其次，由于缺乏一致的理论基础和共同的信仰，以及不存在本质和对本质的认同，因而实践活动只能在现象层面运作。在处理具体事物时，"有一说一"，或是"个案处理"，或是"下不为例"，无一定之规。雷默发现，"中国……有足够的灵活性"，是典型的"测不准社会"。最后，在具体做法上只能是"推己及人"和"将心比心"，孔子的"己所不欲，勿施于人"即是明证。

在被捆绑的技术背后——"仁"和雕虫小技

中国哲学的另一个根本特征是在梁漱溟所论的在人与自然（物）、人与人，以及人与自身三个方面中突出人与人的关系，并以此贬低或统辖其他两个方面（此处仅涉及对人与自然关系的影响）。

在前文所引的莱布尼茨对中国哲学的评价中，莱布尼茨明确指出，他所说的"实践哲学"就是"在生活与人类实际方面的伦理以及治国学说方面"，"中国哲学……始终没有离开人间"。这也就是所谓"入世"的含义。中国哲学中的实践主要并不发生于人与自然之间，不在于改造自然，而在于调整和维系人与人的关系。中国哲学中的一个核心概念"仁"，所涉及的无非是两个人之间的关系。

入世，所"入"的不是自然，而是人间，而自然本身也打上了浓浓的人的印记。中国哲学"习惯于用人文乃至人伦之理推究天理，把无限的宇宙有限化、人性化、政治化、伦理化、心性化、人事化，实际是借天道表述一定价值诉求。马中先生认为，中国哲学不是任何意义的'在物理学之后'"，实质上是追求"内圣外王"的关于社会与人生的哲学。至于屈原的《天问》，是在入人间之"世"一再受挫后的愤懑和激情的偾发，而不是直接指向自然的理性质疑。

在以人的关系为中心的中国的伦理型文化中，在亚细亚式的以农业为基础的文化中，人与自然的关系处于次要、从属甚或排斥的地位。在这种情况下，关于人际关系的伦理道德，诗词乃至八股文受到尊重，"唯有读书高"即是写照；相反，技艺不过是雕虫小技。于是，难以看到独立的对自然的研究，"绝圣弃智，民利百倍""绝巧绝利，盗贼无有"。在价值观上贬低技术，在行为规范上制约科学的同时，在报偿、待遇和宣传上厚此薄彼，以此强化价值取向。要"重义轻利"，弱化进而切断技艺与利的关系，不以"利"来拉动和驱动之，拥有技艺的匠人通常只能维持生计；反之，也不依靠技艺来获得和增添社会之利。

中国历来重礼义、伦理道德，讲究安身立命，轻视各种经济活动。古代中国在物质供给不足的情况下，主要不是通过发展生产力和向外开拓，而是通过限制需求、消费和追逐利益的冲动，通过协调人际关系来解决物质的匮乏，或是"融四岁，能让梨"，如若不让，则"杀富济贫""不患贫，患不均"。对生产力和物质层面的淡漠、忽视甚至轻视，不仅体现在中国哲学里，还渗透于中国的传统文化之中，比如中国人讲面子等，进而波及至今。

在重人己关系和重面子这样传统文化的影响下，看重的是"科技"的世界影响，实际上是"面子"。魂牵梦绕的诺贝尔奖，顶礼膜拜的SCI，对得以参与国际科技前沿研究的喜悦之情，即使只占其中的1%，比如人体基因组计划。"用科学技术（本身）的内容和价值，是不能解释中国如何选择科技方向和国家重点支持的……中国科技决策重大项目和方向常常不是由科学内容和发展规律决定，而是由非科技专家感兴趣的热点来决定。"至此，什么是"非科技专家感兴趣的热点"及其对"科技"的影响也就显而易见了。

对于单个的中国科技人员来说，重要的是拿到"纵向"特别是国家级课题和获国家级奖项，这一点在申报职称和"长江学者"等，以及博士点和"基地"之类尤为重要，至于横向课题，即使经费再多也无济于事。这些课题和奖项等也有了级别和"官本位"、名声。于是，中国延续几千年的价值导向便一直贯彻到几乎每一个科技人员和每一个科技项目。

总之，"科技"一方面淡化了科学的自由探索精神，另一方面又割断了技术通往经济建设和社会发展之路。科学的入世与技术的"出世"，与二者的本意背道而驰。

（本文作者　吕乃基）

面向大众的科学

　　英国的 19 世纪下半叶被称为维多利亚时代，这是崇尚科学与进步的时代，也是科学与人文的矛盾渐起的时代。维多利亚时代是英国工业化走向巅峰的时代，1851 年在伦敦举行的万国工业博览会展现了英国工业化的步伐。展览在水晶宫举行，这是一座巨大的玻璃与钢铁结构的建筑，展览的 5 个多月时间里，水晶宫接待了 600 多万名游客，创造了 18 万多英镑的净利润。展览会上，共展出 1.3 万多件展品，包括相机、蒸汽机车、显微镜、气压计等各种工业化产品，吸引了参观者惊叹的目光，而水晶宫建筑本身也显示了当时工业化的水平。万国工业博览会对维多利亚时代的科学乃至科普产生了重要的影响。赫胥黎（Thomas Henry Huxley，1825—1895）在 1851 年写给他未来妻子的信中说，水晶宫的访客带着敬畏和崇敬走近它，"现在的英格兰神殿是水晶宫——每天有 5.8 万人在那里膜拜。他们去水晶宫正如犹太人去耶路撒冷朝圣一样"。

公众逐渐浓厚的科学兴趣

　　19 世纪 50 年代出现的自然历史热潮是人们对科学兴趣日益增长的标志。1853 年，万国工业博览会结束后仅两年，博物学家、科普作家菲利普·亨利·戈斯（Philip Henry Gosse，1810—1888）就预言，海洋水族箱很快就会出现在许多维多利亚时代的会客厅里。事实上，英国的中产阶级们也的确开始前往海滩，在那里搜寻标本装点他们的水族箱。与此同时，蕨类植物的收集也广泛流行。在对水族馆和蕨类植物迷恋之时，维多利亚时代的英国人还萌生了对恐龙的强烈好奇心。万国工业博览会之后，水晶宫迁至伦敦南部的西德纳姆，继续面向公众开放，而当时的公众也的确兴趣盎然。其中一个灭绝爬行动物和哺乳动物的新展览最为炙手可热，展览首次向公众展示了真人大小的恐龙修复像，包括鱼龙、蛇颈龙、翼手龙、巨龙和禽龙。自 1854 年 6 月开展，其后的半个世纪中，每年都吸引了 100 多万名观众。恐龙成为捕获大众想象力的一部分，出现在杂志中，也出现在凡尔纳（Jules Gabriel Verne，1828—1905）的《地心游记》中。除水族箱、蕨类植物和恐龙，在 19 世纪 60 年代，大猩猩也曾风靡英国，当然这种风靡一方面是来自"进化论"的影响，另一方面也有航海探险家的功劳。

为什么维多利亚时代的人们会对科学事物暴发如此的热情？历史学家大卫·埃里斯顿·艾伦（David Elliston Allen）认为，原因之一在于新生的中产阶级消费者引领了一种面向大众的科学。19 世纪中叶之后，英国在商业、工业中占据领先地位，社会财富的增长让普通民众把更充裕的金钱花在休闲活动上，科学不再局限于精英阶层内，而是在更广泛的平民阶层变得流行和令人尊敬。

维多利亚时代的人们始终保持着对科学的兴趣，他们通过收集、了解外来动植物，参与新理论有效性的争论来进一步了解科学。各地的动植物被带到伦敦，一部分送至科学家那里进行实验，另一些则在伦敦动物园、大英博物馆或英国皇家植物园展示给公众。19 世纪下半叶，科学兴趣带来的影响更为明显，一方面是有更多关于科学理论的争论；另一方面，人们开始脱离基督教观念的影响，更深刻地思考自身以及人类在宇宙中的地位。

毫无疑问，科学兴趣与科学思维方式紧密相关，19世纪占主导地位的世界观与基督教思维模式相伴而生。但是随着科学的发展，到了19世纪末期，英国社会发生了深刻的变革，旧秩序的世界观似乎不再与知识精英、中产阶级和工人阶级成员有关。

而科学恰好可以为打破旧秩序提供一种合理的思维方式，一种连贯的世界观。科学综合了自然体系中的所有概念，展现了宇宙中万物的运转，也在现实中将社会发展、工业进步和中产阶级联系起来。赫胥黎认为，伟大的轮船、铁路、电报、工厂和印刷术的发明是科学知识进步的结果，没有科学进步，现代整个英国社会将陷入停滞和饥饿的贫困之中，同时科学进步奠定了一种"新的道德基础"。这也与法国大革命时期著名思想家孔多塞的观点一致。

因此，科学在19世纪下半叶被赋予了巨大的意义，每一种理论、每一项新发现，似乎都包含了对人类生活方方面面的巨大影响，解释和争论科学思想的社会、政治和宗教意义成为文化活动的焦点。

科学普及者

从历史的角度看，19世纪的英国科学地图缤纷复杂，其中科学普及者占据一席之地。根据弗兰克·特纳（Frank Turne）和罗伯特·杨（Robert Yang）等有影响力学者的观点，受过牛津剑桥教育的圣公会教徒为主的科学绅士们控制着19世纪上半叶的科学，并为英国社会提供了以自然神学为基础的文化、社会秩序观。19世纪下半叶，科学自然主义达到顶峰，并主宰了英国科学的版图。新中产阶级科学家，例如赫胥黎和约翰·廷德尔（John Tyndall，1820—1893）等人开始与上述科学绅士们争夺英国科学界的领导权。

新中产阶级科学家被称为"科学自然主义者"或"进化自然主义者"，他们从经验主义出发，提出了对自然、社会和人性的新理论、新方法，也提出了自己对科学的理解。其中最活跃的成员成立了 X 俱乐部，成为凝聚精英科学家的组织。自1864年开始，X 俱乐部召集了乔治·巴斯克（George Busk）、爱德华·弗兰克兰（Edward Frankland，1825—1899）、托马斯·赫斯特（Thomas Hirst）、约瑟夫·道尔顿·胡克（Joseph Dalton Hooker，1817—1911）、赫胥黎、约翰·卢伯克（John Lubbock）、赫伯特·斯宾塞（Herbert Spencer，1820—1903）、威廉·斯波蒂斯伍德（William Spottiswoode，1825—1883）与约翰·廷德尔等一批科学自然主义者，他们每个月都集结在一起商讨如何完成他们的目标策略。对科学的探讨包括自然科学发展的全景，也有达尔文主义革命、科学世俗化、科学专业化等，同时科学与文学、科学与性别等主题也备受关注。在这样的背景下，"大众科学""普及"等概念更明确地走入人们的视野。但值得注意的是，这两个术语并不意味着高端，而在一定程度上代表低端和不入流。

维多利亚时代的科学普及者带有"大众科学"和"普及"这两个标签，他们主要为作家和演说家。"科学普及者"一词最早出现在 1848 年。但是，科学普及者一直是尴尬的职业。对于廷德尔来说，物理学研究虽然让他成为皇家学会会长，但是受欢迎的大众科学演讲使他顺利谋生，为他提供了进入伦敦精英社会的机会，让他在文化权威领域占据一席之地。物理学家彼得·格思里·泰特（Peter Guthrie Tait，1831—1901）在一篇批评廷德尔的文章中，认为通俗演讲是一个潜在的危险的事业，只能是由特定的个人完成。而赫胥黎则反对，认为"无论是通过讲座还是论文进行科学普及都有它的缺点。对于那些成功人士来说，在这个领域的成功存在风险"。19世纪下半叶，科学的专业化程度还没有完成，因此既存在朝向科学专业化努力的"准专业科学实践者"，也有那些既对科学有兴趣，又有以科学写作为主要工作的科学普及者。

前面提到的 X 俱乐部的成员，更关心一个人对自然科学的追求而不是他们的"专业"资格。而到了 19 世纪后期和 20 世纪，对大众科学和专业化科学有了更多的论述和强调。从事专业化科学的人与科学普及者没有特别明确的界限。19 世纪中叶，靠科学写作维持生计还是可能的。威廉·马丁（William Martin）和托马斯·米尔纳（Thomas Milner）的平均年收入在150 ~ 250 英镑。这些钱足够维持生活，但不足以积累可观的储蓄。当时，马丁和米尔纳都被认为是科学方面的专业作家。但是，当时的人们也在问：谁能合法地承担科学普及者的角色？19 世纪，人们认为只有那些在科学领域真正实践的人才有资格。例如，针对《大西洋月刊》中一篇关于"气象学"的文章中的错误，一位评论家宣称，任何没有"误导和混淆一般读者"的"普及科学"的尝试，都是一项需要最大知识量、最精确的知识理解和最伟大清晰的表达的任务，该任务并不比流动的风格和恰当的例证轻松。有些人，比如那些谴责"耸人听闻的科学"的《周六评论》（*Saturday Review*）的评论家，认为只有像赫胥黎和廷德尔这样的实践者，才有能力向普通读者演讲，并为他们撰写出好的科学书籍。

大众化的科学出版

19 世纪，科学普及者、专业化科学实践者、读者和出版商的关系不断发展演变。阅读的增长是 19 世纪科学大众化的一个重要特点。19 世纪 30年代末，受过教育的英国人和不识字的英国人的数量大致相当。而到 19 世纪末，文盲的比例降到了 1%，出版商开始接触由中产阶级和较富裕的工人阶级组成的新读者。19 世纪二三十年代，以"大众科学"命名的出版物首次出现。

新出版物的目标读者是新工业时代的知识阶层。此前，阅读一直是贵族们的专利，大多数普通人几乎没有机会接触到科学读物。19世纪二三十年代的"大众科学"出版物，让面向普通人的出版物流传下来。这个时期，出现了一大批价格相对便宜的书刊和杂志，如儿童教育出版物《教育教义问答》，相对便宜的文化期刊《文学公报》（1817）和《文学编年史》（1819），以及一些更便宜的周刊，例如，《文学之镜》（1822）、《机械杂志》（1823）、《柳叶刀》（1823）和《化学家》（1824），等等。不可忽视的是，宗教仍然在为科学提供素材。19世纪四五十年代最受欢迎的地质学家休·米勒（Hugh Miller）的科学普及作品就有来自自然神学的素材。米勒是苏格兰自由教士和《目击者》报的编辑，他的第一部面向大众的科学著作《古老的红砂岩》（1841）至少被再版了25次。米勒认为科学揭示了造物主的崇高作品，他关注自然世界的美学维度。

科学大众化出版商在19世纪中叶科学书籍的爆炸式增长中发挥了重要作用。他们可以通过创作一系列以科学为主题的书籍，对维多利亚时代的市场和阅读习惯产生巨大的影响。1857年，乔治·劳特利奇（George Routledge）开始策划一系列关于自然史的先令手册。劳特利奇招募约翰·乔治·伍德（John George Wood）加入，担任图书的编辑，同年创作了《海边常见生物》（*Common Objects of the Seashore*）并面世。这是该系列的第一本书，并立即获得了成功。劳特利奇的出版速度，几乎跟不上读者的急切需求。出版商约翰·丘吉尔（John Churchill）对《创世自然史的遗迹》的成功至关重要，尽管钱伯斯本人就是一位成功的出版商，但是丘吉尔对伦敦的了解，以及他作为医学和科学出版专家的经验对钱伯斯的著作至关重要，对书籍的定位、传达信息方向等问题上处于重要地位。

19世纪，许多出版商建立了他们自己的科学系列。19世纪下半叶起，最重要的科学读物系列分别面向中等知识水准的大众、工人阶级和自然史兴趣者。当时出版商的领导者为丹尼尔·麦克米伦（Daniel Macmillan）、金（King）、约翰·默里（John Murray）、爱德华·斯坦福（Edward Stanford）、卡塞尔（Cassell）和乔治·劳特利奇（George Routledge）。

H.S. 金于 1872 年创立的《国际科学系列》，1873 年麦克米伦创立的《自然系列》，1891 年开根·保罗（Kegan Paul）创立的《现代科学》系列，1889 年基督教知识促进协会创立的《科学的浪漫系列》，1889 年沃尔特·斯科特（Walter Scott）出版公司的《当代科学系列》都属于面向大众的科学读物，并获得了较大的成功。面向工薪阶层读者的廉价丛书包括：麦克米伦的《科学入门》（1872）、基督教知识促进协会的《基础科学手册》（1873）、钱伯斯（Robert Chambers，1865—1933）出版的《钱伯斯基础科学手册》（1875）和斯坦福大学的《家用简易课程》（1877）。

自然历史系列也很受欢迎，包括劳特利奇的《常见生物》系列、里夫（Reeve）及其公司的《初级自然历史系列》（1866）、基督教知识促进协会的《自然历史漫步系列》（1879）、朗曼出版社的《毛皮、羽毛和鳍系列》（1893）和艾伦出版社的《自然学家图书馆》（1894）。

提到 19 世纪的科学出版，不得不回顾一下 19 世纪图书出版行业的变革。19 世纪初发展起来的蒸汽印刷技术，极大提高了报纸和期刊的出版商的效率。19 世纪 40 年代，图书出版商也开始采用蒸汽印刷技术。到 19 世纪 40 年代和 50 年代初，图书的年产量急剧增加，在 1858 年至 1872 年达到高峰，随后自 19 世纪 70 年代末至 1913 年再次加速增长。随着图书产量的增加，图书的价格也在下降。19 世纪四五十年代，每年出版的科学书籍数量是 19 世纪初的 4 倍。在 1850 年以前，只有少数几本科学畅销书，这份名单列表里包括乔治·康贝（George Combe）8 年内销售了 1.1 万册的《人类的构成》（1828）和钱伯斯的《创世自然史的遗迹》。更大的印刷量和更低的价格意味着更大的销量，1850 年以后，畅销书的名单显著增加。到

1890 年,《创世自然史的遗迹》卖出了 3.9 万册，成为非常成功稳定销售的科学书籍。达尔文的《物种起源》也是如此，到 1899 年达到了 5.6 万册。19 世纪 70 年代开始的印刷革命在 19 世纪末产生了重大影响，印刷处理技术，例如，滚筒印刷、热金属排字、平版印刷、摄影技术、电力驱动对蒸汽驱动的取代等，让平装廉价书籍更普遍，还促进了公共图书馆、专业协会的兴起，也带来了职业文学经纪人群体的出现、版税制度的发展和大众日报的发行。

（本文编译者　王丽慧）

参考文献

［1］ LIGHTMAN B. Victorian popularizers of science: designing nature for new audiences［M］. Chicago: University of Chicago Press, 2007.

［2］ 柯遵科. 维多利亚时代科学的文化史研究——莱特曼教授访谈录［J］. 科学文化评论，2015, 12（3）：103-112.

［3］ 刘钝. 维多利亚科学一瞥——基于两种陈说的考察［J］. 中国科技史杂志，2013, 34（3）：281-300.

［4］ 伯纳德·莱特曼. 维多利亚时代科学人的形象塑造：丁铎尔的策略变化［J］. 自然辩证法通讯，2016, 38（1）：66-79.

［5］ 李正伟. 维多利亚时期英国社团 "X 俱乐部" 的科学传播活动［C］// 中国科普研究所. 中国科普理论与实践探索——2010 科普理论国际论坛暨第十七届全国科普理论研讨会论文集. 北京：科学普及出版社，2010：252-258.

陷入危机的科学

在人类精神历史发展中，以理性思辨为特征的古典主义、功利主义、科学主义思潮和以感性直觉为特征的浪漫主义、神秘主义、人文主义思潮长期处于矛盾运动中。图尔敏曾对后者做出回溯并提出其产生的一般规律，在他看来，至少在过去的 500 年间，这股以不同形态出现的思潮一般以 130 年，或者以每 65 年、每 30 ~ 35 年为一个周期而产生，并且达到一个高潮期。维多利亚时期正与其中一个高潮期——浪漫主义反科学思潮相重叠。英国科学在这场浪漫主义反科学思潮中遭到相面术、催眠术、颅相学和笔迹学、手相学等伪科学的强烈质疑和挑战，以及宗教和人文学者的尖锐批判与否定，进而陷入危机。

维多利亚时期（1837—1901）是英国科学技术发展的鼎盛时期。然而，伪科学和反科学现象并没有在科学英雄主义、乐观主义氛围中消匿，反而以相面术、催眠术和颅相学的挑战与宗教、人文批判等形式肆意泛滥。尤其是在伪科学的世界中形成了无政府主义者的陈规旧习。这种陈规旧习由各类出版物传播并不断得以加强，从而使伪科学获得了一种"科学身份"。

相面术、颅相学和催眠术对科学的挑战

在维多利亚时期，各种披着科学外衣的伪科学和秘仪盛极一时。自从瑞士牧师拉瓦特（Johann Kaspar Lavater，1741—1801）发展了现代相面术，他的感性直观的判断方法对英国的社会、文化和思想产生了重要影响。拉瓦特的相面术对英国每个家庭的重要性堪比《圣经》。因此，以相面术作为事项判定依据的现象非常普遍，例如，笃信拉瓦特相面术的"小猎犬号"船长以达尔文鼻子的特征来断定他在航行中不具备足够的能力和决断力，曾拒绝达尔文参加环球航行。作为拉瓦特的拥护者，威廉·索斯比在长达14页的科学诗中捍卫并赞扬相面术，认为它是一门新的精确科学，进而反对自然科学家提出的决定论。

颅相学创始人德国内科医生加尔（Franz Joseph Gall）继承了拉瓦特的思想体系，但二者强调的重点不同：拉瓦特强调身体的形状，加尔强调头骨的形状。英国颅相学运动的创始人爱丁堡律师乔治·库姆（George Combe，1788—1858）是加尔和茨海姆（Johann Gaspar Spurzheim，1776—1832）的忠实信徒，他曾受维多利亚女王和阿尔伯特亲王两次邀请到王宫作颅相学演讲。自维多利亚时期开始，颅相学学会一度增加到24个，出版发行的有关颅相学的书籍和手册达到64250册。这些杰出的维多利亚时代的人物及其言论和著作仅仅构成了颅相学运动的冰山一角。快速发展的颅相学逐渐俘获了中上层阶级，例如，都柏林圣公会大主教理查德·惠特利，他曾宣布："我确信颅相学如同天空中的太阳那样是真的，要防止颅相学被攻击。"激进出版家理查德·卡莱尔强调了颅相学的唯物主义和无神论的意义，热情地赞扬颅相学是异教徒的科学。不仅如此，颅相学还影响了自然科学家的学术品位。华莱士（Alfred Russel Wallace，1823—1913）则是从

生物学角度诠释颅相学意义的，他宣称在他生命结束之际，颅相学将在 20 世纪被证明是属实的。对颅相学的热情渐渐溢出少数中上层阶级的边缘，向下渗入商户和技工群体之中，就连侦探小说的主人公福尔摩斯从一顶大号礼帽就推论出戴这顶帽子的人"非常聪明"，依据的就是当时广泛流行的颅相学的权威意见。实际上，人们对颅相学的兴趣主要源自它的实践价值和承诺，而不是其抽象的哲学意义，例如，颅相学家认为精神疾病不是由于罪恶感，而是由于大脑的瑕疵所致。关于罪犯为什么出现以及怎样被对待的问题，他们也依据颅骨形状提供了"合理的"解释。颅相学一定程度上为缓解矛盾和解决社会问题提供了一种不同的解释形式和思路。

颅相学是麦斯迈尔主义的一个关键序曲。许多维多利亚时代的人认为，麦斯迈尔主义的关于人类思想力量的主张通过颅相学的启示是可以确证的。麦斯迈尔主义和颅相学都与自然科学相冲突，它们都主张启示是能够改变人类生活的"力量"。19 世纪四五十年代的麦斯迈尔主义者受益于先前的科学报告人，特别是受益于流动的颅相学家。某种意义上，颅相学家为麦斯迈尔主义者的表演准备了观众。催眠术是当时英国科学与人文艺术、理性与情感长期对立形成的一个标志性产物。自 1837 年，催眠术在不列颠大受追捧并成为中产阶级家庭中非常流行的一种游戏。当时，由伦敦大学的内科医生约翰·埃利奥特森（John Elliotson，1791—1868）展示的一系列催眠法在当时得到包括狄更斯和马蒂诺等人文学者和科学人的热烈支持。弗雷德·卡普兰在他的《麦斯迈尔的狂热》一文中对麦斯迈尔主义的本质和作用总结道，麦斯迈尔主义者视催眠术为一种治疗的艺术，将这种艺术付诸实施最终会达致完美境界。卡普兰认为，麦斯迈尔主义采用的主要方法是先验地将精神与物质连接起来。它的实践意义在于它与英国当时蓬勃发展的时代气息遥相呼应，在他看来，麦斯迈尔主义不断尝试解决前代遗留的问题，像力图治愈疾病、排除腐败和战争等。

宗教与人文学者对科学的批判

维多利亚时代早期，英国科学更多地遭遇伪科学的严峻挑战。到了维多利亚时代晚期，伴随着德国、美国经济发展的挑战和海外扩张与资本输出造成了国力日益萎缩，加之宗教和人文学者的激烈批判使得英国科学逐渐走向衰落。历史上，科学和哲学一直面临宗教的严峻挑战。人们认为宗教很轻易地就为他们提供了生死问题的答案。在他们看来，科学中那些抽象的理论无法感动他们的心灵或激发愿望，而宗教则向情感脆弱的人类许诺以现世或彼世的幸福。科学与宗教之间的较量在维多利亚时期这种特定的背景中表现出不同的形态。在这一时期，正在出现的专业知识分子群体（科学家群体）试图取代一直占领着荣耀地位的群体（宗教群体）。达尔文理论的兴起看来是为这个形态增加了科学论证：这是一场智力上最优者的生存竞争。在英国的科学建制传统中掺杂着新教元素。早在19世纪初期，英国自然科学协会中有许多成员就是神职人员。在英国皇家学会里的许多学者兼具双重身份，他们既是科学家，又是牧师。但是，当这些牧师科学家，像鲍威尔和惠威尔去世之后，具有牧师头衔的科学家几乎所剩无几，而学会里的许多年轻牧师较少具有科学背景，自然会将科学视为敌人。

虽然宗教因颅相学放弃不朽灵魂和颠覆人的堕落的思想而对其进行攻击，但是它们具有共同的目标，最终殊途同归。埃斯科特在概括维多利亚时代的特征时讲道："实际上，维多利亚时代是超越其他时代之上的一个宗教复兴的时代。"他指出，"英格兰教堂中牧师组织的改革与在海外的扩张和日益增长的教众，充分说明这是一个教堂建立并复苏的英雄时代"。欧文·查德威克也写道："维多利亚人继承了伟大运动的宗教精神。"这个精神就是福音主义的复兴。从传统视角来看，福音主义的复兴被视为具有情感的原始浪漫主义反对实证主义教条。拜秉顿建议，复兴是洛克经验主义氛围的产物，它主张在教条和规则之上转换经验现实，其基本信条是："如果你知道你被拯救了，那么你便被拯救了。"宗教福音主义者倾向于主张科学方法具有毁掉《圣经》经文思想的危险。庇护九世（Pius IX, 1792—1878）在位期间，天主教堂的宗教模式成为宗教权威控制思想生活的极端形式和典范。教堂布道时强烈谴责现代科学的理论、方法、结论和实践。

达尔文的《物种起源》像一把冲入蚁穴的犁具，直接戳入宗教神学世界。威尔伯福斯宣布，达尔文限制上帝荣耀的倾向是有罪的，自然选择的原则绝对与上帝的话语不相容，它与创造和创造者之间揭示的关系相矛盾。《物种起源》带来的冲击震动了英格兰和其他国家的宗教组织。神学权威及其宗教组织纷纷质问和批判达尔文进化论的合理性，声称达尔文的观点从开始就是一个巨大骗局。牧师莫里斯（Francis Orpen Morris, 1810—1893）受巴特勒主教、德尔图良和卫斯理等人的影响，质疑进化论的道德争论，例如进化论是如何解释人类中的伦理责任感的起源等问题。这些批判和否定对于正在发展和完善中的进化论来说产生了不良影响。相对宗教世界的冲突，世俗社会在反对虐待动物的华而不实的呼吁下发动的一场"圣战"则是对生理探索的激进反对，像对科学和常识、获取拯救生命的知识的反对。这种反科学的倾向阻碍了科学研究与传播，在社会生活中表现为阻止医院患者使用药物治疗疾病。

在文学和艺术领域同样充满了对科学的激烈批判。卡莱尔指责"欧洲机械主义者"冷酷无情、思想贫瘠，制造了无效的社会价值。虽然他翻译了百科全书中许多有关科学主题的文章，但是却激进地批判这些科学文章。丁尼生爵士曾经谈到，显微镜展示给他在一滴水中动物互相残杀的情景，对此他可以通过拒绝看到这样的残杀来毁掉这些事实的存在。剧作家伯纳德·肖（Bernard Shaw, 1856—1950）的早期著作虽然使得他在学界以理性主义者形象出现，但是，他后来走向反面并以"进化生机论"为名，阐发了对理性主义的批判思想。他认为，理性主义的过时和顽固使得其自身变成了反对新意识的僵化体制。实际上，他的哲学语言结构主要来自叔本华、尼采和柏格森。由此，肖的"元生物学"思想是激进反科学的，并且根本和知识没有任何关系。

还有一些文人和作家通过对维多利亚时代社会弊端的描绘进而批判科学。其中最激烈的一位莫过于约翰·拉斯金（John Ruskin，1819—1900）。他在《威尼斯之石》和《直到最后》中预言维多利亚时代工商业文明的毁灭，无情攻击自由竞争的经济法则。据此，他强烈批判科学合理性，主张科学不应该作为目的被追求，而是应该服从伦理学。诗人马修·阿诺德（Matthew Arnold，1822—1888）直接贬低科学家，他认为并非是林奈、卡文迪什，而是莎士比亚的诗句为人们提供了关于动物、水、植物的真实存在，揭示了它们自身的秘密和参与到他们的生活中。他对英国社会状况的反思代表了多数人文学者面对现实的焦虑和危机感。切斯特顿曾以同样的语气歪曲说，"诗人只要求让他的脑袋进入天堂。逻辑学家却企图让天堂进入他的脑袋，于是他的脑袋裂开了"。

维多利亚时期科学危机的成因及其影响

造成伪科学思想和运动的泛滥与宗教、人文学者对科学探寻外在世界和正确推理本质的质疑、挑战，进而最终导致对科学文化纲领的抨击和批判的原因是值得认真分析和反思的。

科学危机的成因

从认识论层面，由伪科学挑战和反科学批判导致的科学危机，实际上表明在维多利亚早期正统科学的特征和范围还没有被确立。由于科学的发展未能完全解释出现的新现象，所以这就为催眠术和颅相学等伪科学提供了滋生的空间。从价值论层面，伪科学使维多利亚资本主义经济和社会需要合法化了。这时要思考科学思想的政治和社会功能，颠覆科学史中依托中立缘由的讨论。可以认为，打破科学史中自我设置的边缘和超越中立性神化的伪科学促使我们思考现代社会更多关于人的事情。正如帕辛恩总结道，颅相学和催眠术在维多利亚早期的兴盛主要依靠三个因素的共同作用：首先，传统哲学和神学思想理论的解释力不再充分、足够，需要突破旧式理论框架，建立具有更强融合力和生长力的新理论；其次，社会结构快速的调整和变化产生了一定数量为自己的社会哲学选择经验理由的改革者，他们为推进思想变革创造了契机；最后，在传统社会观念遭遇挑战之际，颅相学能够为职业思想精英和广泛的中低阶层、工人阶级较好地解决科学、哲学和实践方面的需求。

以催眠术为例，麦斯迈尔主义者怎样使崇尚科学的公众转向对催眠术的狂热，从而满足他们的需求呢？答案是他们通常利用科学报告人和娱乐圈里治疗者的身份进行催眠表演。在 19 世纪 40 年代至 50 年代，麦斯迈尔主义者主要采取科学报告、大众治疗和普及娱乐三种形式进行演讲。可以说，他们在英国能够大获成功并得以长期存在，主要是因为他们将这三种形式巧妙地融入催眠术中。在 1843 年，麦斯迈尔主义者弗农在包括地方官员、贵族和职业科学人在内的 1000 人面前成功地表演了催眠术。此后，他为加强演讲的可信度，采用欧文斯博士关于麦斯迈尔主义的历史、理论和效用作为报告的基础和标准。弗农的成功主要因为他不但掌握了观众需要的信息，而且能够做出令他们相信的表演，同时成功地娱乐观众。同年，一些伦敦绅士组织了一个"麦斯迈尔主义探索协会"。这个协会的成立表明麦斯迈尔主义由个人表演发展成为一种团体的实践。正如普拉姆表明，麦斯迈尔主义是"休闲商业化"的需求。这种娱乐需求由大城市向更小的乡村扩散，向中低阶层蔓延。与血腥比赛、赛马、拳击等运动相比，催眠术为各类观众提供了娱乐之外极少有的"自我证明"的机会。因为在催眠的过程中，表演者通常是一名成熟男子，被催眠的对象通常是一名女性。观众目证了一名年轻女子在麦斯迈尔主义者的催眠中失去个人主观意识，服从催眠者的指令。由此，他们内心阴暗的一面也被激发出来。这样使得观众受压抑和隐蔽的性被释放出来。相比之下，观众们对关于化石的科学报告则提不起兴趣。

科学危机的影响

在维多利亚晚期，王朝的社会道德规范和价值观念在国内阶级矛盾升级及与德国、美国的竞争过程中纷纷瓦解，近乎彻底崩溃。许多文人学者对英国科学和经济社会发展状况深感忧虑。历史学家杨格针对这些忧虑讲道："当我们在 19 世纪 80 年代的新思潮和旧观念旋涡中挣扎，试图寻找一个立足点的时候，我们就产生了由茫然、不协调和无所适从到反感、反抗的感觉。"这种感觉就反映在维多利亚时期教育体制中出现了反对科学技术的倾向。在 19 世纪 70 年代之后，这种倾向使得英国经济由世界首位衰退为一个世纪后的第十五位。英国社会道德和伦理体系的崩塌与英国科学技术的衰落引发了哲学层面的论争。

作为对理性主义和经验主义之争的回应，康德和黑格尔倒向唯心主义。以边沁和密尔为代表的哲学家不仅拒绝知识探索的理性直观和思辨方法，还反对感性直觉方法。实际上，边沁的功利主义伦理道德观在维多利亚伦理学演化过程中转向阿诺德。和卡莱尔一样，阿诺德经历了一个严重的精神危机。像虚构的哲学家 Teufelsdröckh 一样，他又解决了危机，正如他所说，"展示怀疑，让自己更强烈地转向神圣生活的实践职责"。从 19 世纪 30 年代开始，维多利亚的道德哲学经由柯尔律治主义、边沁主义转向阿诺德主义，并且由知识分子、教育家和艺术家、公共服务人员为下一代英国人提供了功利主义者的自由的、民主的经验主义和由纽曼在牛津复兴的哲学的和浪漫的教堂保守主义的道德模式。

这个模式横跨在实证主义的功利主义与唯心主义的直觉主义之间，使得科学人与人文人从逻辑和概念层面进行的哲学争论日益加深了科学文化与人文文化之间的分裂。维多利亚时期在功利主义者和直觉主义者之间的伦理学争论主要以边沁功利主义思想的道德哲学为中心。两个学派也是通过他们的先驱者的伦理道德主张来进行区分的，即惠威尔、马蒂诺、格罗特、密尔和西奇威克等维多利亚哲学家与夏洛特·杨、加斯克尔、威廉姆·怀特和乔治·埃利奥特等维多利亚小说家对道德问题和道德哲学的探索。功利主义和直觉主义之间的论争焦点是：决定论的代言人功利主义者主张通过出示归纳证据来证明道德判断，而对于采用自由主义的直觉主义者来说，出示这些证据既是不必要的，也是不可能的；他们关于道德问题的范式不同之处在于，功利主义者主张我们不知道应该做什么，一旦我们确实知道应该做什么，问题便迎刃而解了。而对于直觉主义者来说，虽然知道应该做什么，但是却发现做这个事情是困难的。问题在于意愿或者感觉。功利主义者认为道德知识本身没有承载动机，即一个人知道应该做事情，但却没有动机去做。而直觉主义者认为我们应该做什么给了我们做的动机，一个人想到他应该的这个事实便是一个有效的解释。在约翰·格罗特看来，功利主义者只不过追求结果和有用的价值，他们为达到目标被迫评价和感觉；而直觉主义者追求感觉价值，并认为意愿或者动机价值才是道德的，因而具有权威性。虽然布拉德雷企图以黑格尔派哲学家的多样化来综合功利主义和直觉主义之间的争论与西奇威克煞费苦心的协调，但是这场争论不可逆转地加深了科学文化与人文文化之间的分裂。正如斯诺断言，科学文化和人文文化早在 60 年前就已经危险地分裂了。

实际上，19 世纪初，正统（精英）科学和边缘科学就已开始分化。边缘科学的概念内涵也发生了变化，例如，迷信在 18 世纪普遍意指魔法和异端，而在 19 世纪其意义转变为虚假和无害的信仰。这种认识上的转变使得伪科学思想在学界异常活跃，并且将它们的方法论提升到技术层面。相面术和颅相学凭借直观方法作理论判断，而催眠术则在二者方法论的基础上，从语义学视角发展成为一种心理技术（心理暗示）。它们将前科学时期的素朴方法论乔装打扮并以科学的名义传递给公众。19 世纪以来，颅相学和催眠术就触及了心灵问题。它们否定传统哲学所指认的知识客体与心灵之间的本质差别，进而反对笛卡儿的身心二元论。心灵可凭理性与经验两种方法去研究。对心灵本质的研究通常是哲学家的任务。然而，当时神经解剖学正处于襁褓期，对大脑结构的认识处于混乱中，生理学知识非常缺乏。哲学家和科学家由于对心灵认识论的解释不够而不能付诸实践。颅相学家则借机跳出哲学图圄，与心理学扭结在一起。在颅相学触碰到一些大脑解剖学和生理学方面的知识之后，曾经提出心灵物质主义概念，试图建构生理学信条。然而，它是基于简单的观察来判定个体特征的，虽然某种程度上触及了心灵哲学和社会哲学研究的边界，但是却无法解决自然科学研究面临的问题。

（本文作者　孙红霞）

参考文献

[1] TOULMIN S. The historical background to the anti-science movement [C]// BLOCH H,
　　 ed. Civilization & Science-in Conflict or Collaboration? London: Elsevier, 1972: 24.

[2] 孙红霞. 18 世纪—19 世纪中叶的浪漫主义反科学思潮——一种另类认识论和方法
　　 论 [J]. 自然辩证法研究，2010（10）：30-35.

[3] SHPAYER-MAKOV H. Anarchism in British public opinion 1880-1914 [J]. Victorian

Studies, 1988, 31（4）: 487–516.

［4］GRAHAM J. Lavater's physiognomy in England［J］. Journal of the History of Ideas, 1961
（22）: 561–572.

［6］MCLAREN A. A prehistory of the social sciences: phrenology in France［J］. Comparative
Studies in Society and History, 1981（23）: 4.

［7］GILMOUR R. The Victorian Period: the intellectual and cultural context of English
literature, 1830—1890［M］. New York: Addison Wesley Longman Limited, 1993:
140–141, 63–83.

［8］罗特. 古代世界的终结［M］. 王春侠, 等, 译. 上海: 上海三联书店, 2008: 186.

［9］PARSSINEN T M. Popular science and society: the phrenology movement in early Victorian
Britain［J］. Journal of Social History, 1974（8）: 10–104.

［10］TURNER F. The victorian conflict between science and religion: a professional dimension
［J］. ISIS, 1978（69）: 368–373.

［11］WHITE A D. A history of the warfare of science with theology in Christendom［M］. New
York: Dover Publications, 1960: 70–71.

［12］LIGHTMAN B. Victorian popularizers of science［M］. Chicago: The University of
Chicago Press, 2007: 45–48, 167.

［13］The antiscience crusade. The British Medical Journal［J］. 1896（1856）: 216–217.

［14］TURNER F. Victorian scientific naturalism and Thomas Carlyle［J］. Victorian Studies,
1975（3）: 328.

［15］WICKENS G. The two sides of early Victorian science and the unity of "The Princess"［J］.
Victorian Studies, 1980, 23（3）: 369–388.

［16］RODENBECK J von B. Bernard Shaw's revolt against rationalism［J］. Victorian
Studies, 1972（4）: 409–437.

［17］巴罗. 不论——科学的极限与极限的科学［M］. 李新洲, 等, 译. 上海: 上海科
学技术出版社, 2000: 232.

［18］ALISON W. Mesmerism and popular culture in early Victorian England［J］. History of
Science, 1994: 317.

［19］LANDOW G P. The anti-technological bias of Victorian education and Britain's economic decline［EB/OL］.（2013-06-19）［2015-02-08］. http://www.victorianweb.org/history/education/barnett.html.

［20］MADDEN W. Victorian morality：ethics not mysterious［J］. The Review of Politics，1961（23）：458-471.

［21］SCHNEEWIND J. Moral problems and moral philosophy in the Victorian Period［J］. Victorian Studies，1965（9）：29-46.

［22］斯诺. 两种文化［M］. 纪树立，译. 上海：生活·读书·新知三联书店，1994：17.

［23］MYERS G. Nineteenth-Century popularizations of thermodynamics and the rhetoric of social prophecy［J］. Victorian Studies，1985（1）：35-66.

国际人文主义者联盟简述

人文主义萌芽于文艺复兴时期，强调以人为中心，崇尚人的价值，维护人的尊严和权利。15 世纪以后，人文主义是要通过学习和发扬古希腊和古罗马文化，使人的才能得到充分发展。在法国大革命中，人文主义主要是倡导自由、平等、博爱，使现实的一切都合乎人的理性。这种理性的人文主义直接抨击了封建专制制度。法国大革命后发表的《人权和公民权宣言》成了资产阶级人文主义胜利的纪录。在现代西方哲学中，人文主义仍占十分重要地位，各学派的人文主义代表人物都以发挥人的价值、捍卫人的尊严、提高人的地位为使命。他们强调人的本质和人格，重视人与现代科学技术的关系，并提出种种实现人道的设想。本文介绍国际人文主义者联盟及其理念、宣言和工作。

国际人文主义者联盟

国际人文主义者联盟（Humanist International）是一个致力于发起和促进全球人文主义运动，捍卫人权、促进人文主义价值观的组织，联盟于 1952 年在阿姆斯特丹成立。其愿景是建立一个人文主义的世界，一个尊重人权、人人都能过上有尊严生活的世界。国际人文主义者联盟在 1996 年提出人文主义最基础要求："人文主义是一种民主的和伦理的生活立场，它确认人类有权利和责任赋予生活意义。人文主义以理性精神和自由探索为基础，以人的价值观和其他自然价值观为基础，通过伦理道德建设一个更加人道的社会。人文主义不是有神论的，它不接受超自然的现实观。"

首先，联盟坚信人类生活在一个自然的世界，这个世界没有神灵，没有不朽的灵魂，没有神圣的境界。人类使用猜想、理性和经验来认识世界，即通过使用理性的和科学的方法来了解世界，或者根据逻辑和经验证据进行猜想并验证。其次，对于生命本身，人文主义者认为是人类自己赋予了生命的意义和目标，人应当充实地度过一生。人文主义者不相信来世，也不相信宇宙的任何"神圣目的"，人类应专注于创造自身的意义和目的，专注于在此时此地过上美好的生活。最后，联盟所崇尚的人文主义将人类道德主体置于中心位置，因为人类是目前所知的唯一的，或者说至少是迄今为止最为复杂的道德决策者。当然，人文主义并不否认也许存在其他道德决策的主体，这些主体可能包括人类、其他动物、生存的环境、道德原则、社会健康和通过行动所创造的未来。

人文主义溯源

"人文主义"一词是从拉丁文 humanistas 引申而来，最早在古罗马思想家西塞罗那里，是指一种能够促使个人的才能得到最大限度的发展的、具有人文精神的教育制度。1808 年，德国教育家尼特哈默（F. J. Niethemmer）在《现时代教育理论中的博爱主义与人文主义之争》（*Der Streit des Philanthropinismus und des Humanismus in der Theorie des Erziehungs-Unterrichts unsrer Zeit*）中使用了 humanismus 这一术语。尼特哈默主张西塞罗的教育方式，强调通过研习古代人文经典来培养公民精神。

形容词"人文主义的"在 1808 年之前就已经在使用，源自意大利文艺复兴时期，词义也更接近于现代人文主义。意大利语 Umanesimo 与教条形成鲜明对比，反对中世纪的宗教统治，人类智慧、艺术、哲学和自由公民是其世界观的中心。文艺复兴运动是对古典时期，特别是希腊和罗马历史和神话的重新探索，上帝和人类之间的造物主与造物的关系依然存在，所以 Umanesimo 通常被称为"文艺复兴时期的人文主义"。

19 世纪末至 20 世纪，"世俗人文主义"这个术语逐渐被一些团体和作者使用。世俗人文主义是一种非宗教人文主义世界观，与其他人文主义用法有所区别，包括文艺复兴时期的人文主义、基督教人文主义。如今，当使用"人文主义"这个术语时，即使没有限定词"世俗"，通常也可以被认为是指非宗教世界观。也就是说，一种包含人类责任和理性的世界观，并以民主的方式为每个人创造一个更公正的世界。

那么，世俗主义是指什么？乔治·霍利约克（George Holyoake）在 19 世纪提出这一哲学思想时，是指从人类本身的理性出发追求真实的现世价值。通常来说，世俗主义指的是一种有利于宗教机构与国家政权分离的政治原则（即政教分离），或者意味着国家行为对于信仰是中立的，例如，政府不应因为个体的信仰而歧视某人，并且不受特定宗教信仰和制度的过度影响。但是，世俗主义的政治原则与对宗教的"禁令"完全不同，相反，世俗主义使具有不同世界观的人，无论是宗教的还是非宗教的，能够自由和公平地共处。世俗主义在一些时候往往会被用来表示对社会中宗教信仰的普遍拒绝。

无神论者、人文主义者和宗教主义者可能都会支持世俗主义。但是，世俗主义也不应与无神论、人文主义混淆。人文主义者可能会支持世俗主义的政治原则，但这种政治原则尤其更广泛的适用性，并非人文主义者或非宗教主义者所独有的。宗教主义者支持世俗主义的原因与人文主义者所做的相同，因为世俗主义使持不同宗教信仰的人能够在国家中并肩生活。霍利约克1896年在其论文《英国世俗主义》中首次提出这一术语时，认为世俗主义本身更像是一种生活哲学，一种对宗教不感兴趣的人，赞成"用物质手段改善生活"，追求现世生活中的善与价值。在某种程度上，他的世俗主义概念现在已演变为现代人文主义，将世俗主义赋予更广泛的政治、生活等价值原则。

人文主义的"理性"和"科学"

人文主义者重视人性和文化的多个方面：个人动机、集体作品、创造力、艺术和好奇心。理性和科学的功能也是人文主义关注的重要方面。在一些观点中，理性和科学是与宗教相对立的人文主义：理性与"信仰"形成对比。因此，尽管理性和科学只是人文主义者关注的一部分内容，但在描述人文主义时，往往成为首先要关注的问题。从历史上看，理性和科学是强大的工具。在人类之外，各种各样的动物都表现出智力。毋庸置疑，人类的理性和独创性使之与其他动物区分开来，表现出与众不同的特质。凭借理性和科学，人类改造世界、治愈疾病、建立人权、探索宇宙，并通过政治和贸易将世界联系起来，不断探索生命本身的演变。与此同时，人们也构思和发明了威力可怕的武器，工业发展也会破坏自然环境和生物多样性。人们如何决策使用科学技术，是至关重要的道德问题，因为人类具备了对自身和自然环境造成伤害的巨大能力。所以，人类面对理性、科学及其技术成果时，必须采取审慎的态度。

在人文主义这里，人类使用猜想、理性和经验来了解世界，可以通过使用理性和科学方法来学习世界，或者根据逻辑和经验证据进行猜测。换句话说，世界可以接受理性的审查。人文主义支持理性，重视自由探索，拒绝对调查进行人为限制。人们可以对知识进行自由的分享和检验，而不是接受权威、传统或教条。科学是认识和改变世界的重要力量，但是并不是世界的唯一真理，并非所有科学问题都有令人满意的解释性答案，但科学至少抵制了逻辑上不健全或与科学证据相悖的答案。

现代人文主义理念的内涵与发展

1952年召开的第1届国际人文主义者联盟大会上，联盟的发起人就现代人文主义的基本原则达成共识，并称之为"阿姆斯特丹宣言"。1952年的"阿姆斯特丹宣言"是时代的产物，它出自强权政治和冷战的时代背景中，主张"人文主义者有信心克服当前的危机"。

2002年在荷兰召开的第50届国际人文主义者大会，一致通过了《阿姆斯特丹宣言2002》，成为国际人文主义的正式定义。2002年的"阿姆斯特丹宣言"赋予人文主义更广泛的内涵，认为人文主义是人类自由思想传统的果实，激励过历史上许多伟大的思想家和创造性艺术家，人文主义也促进了科学的产生。

现代人文主义的基本原理如下。

（1）人文主义是道德的。它肯定个人的价值、尊严和自主权，以及每个人享有与他人权利相同的最大限度的自由。人文主义者有责任关怀全人类，包括我们的子孙后代。人文主义者相信，道德是人性的内在组成部分，基于对他人的理解和关心，不需要外部约束。

（2）人文主义是理性的。它寻求创造性地利用科学，而不是破坏性地滥用科学。人文主义者相信，人类的思想和行动才是解决世界问题的办法，而不是神圣的干预。人文主义倡导用科学方法和自由探索来解决人类福祉问题。但人文主义者也认为，科学和技术的应用必须受到人类价值观的制约。科学为我们提供手段，人类价值观指明目的。

（3）人文主义支持民主和人权。人文主义的目标是让每个人获得最充分的发展。民主和人的发展是权利的问题。民主原则和人权原则可以适用于许多人类关系，而不局限于政府的方法。

（4）人文主义主张个人自由必须与社会责任相结合。人文主义敢于建立一个自由人对社会负责的世界，并认识到我们对自然世界的依赖和责任。人文主义是非教条主义的，不把任何信条强加给其信徒。因此，它致力于非灌输式的教育。

（5）人文主义是对全世界要求替代教条式宗教的回应。世界上的主要宗教都声称是基于有史以来固定的启示，许多人试图将他们的世界观强加于全人类。人文主义认识到，通过持续的观察、评估和修订过程，可以产生对世界和我们自己的可靠知识。

（6）人文主义重视艺术创造力和想象力，并认识到艺术的转化力量。人文主义肯定了文学、音乐、视觉和表演艺术对个人发展和实现的重要性。

（7）人文主义是一种旨在通过培养道德和创造性生活来实现最大可能实现的生活方式，并提供一种道德和理性的方法来应对我们时代的挑战。人文主义可以成为各地每个人的生活方式。

国际人文主义者联盟的主要工作

国际人文主义者联盟致力于在全世界建立人文主义运动，宣传人文主义理念，捍卫遭受迫害和暴力风险的人文主义者，在联合国等国际机构宣扬人文主义价值观。

国际人文主义者联盟在国际事务中占有一席之地。联盟成员代表在日内瓦和纽约的联合国、非洲人权和人民权利委员会、欧洲委员会和其他国际机构与组织中，代表联盟成员和支持者发表其人文主义观点。此外，国际人文主义者联盟也关注全球或国际范围内的政策问题，例如，宗教问题、气候变化、科技应用等影响全人类的问题。

自 1952 年以来，国际人文主义者联盟坚持参与影响重要的全球科技发展问题。如在关于气候变化危机的《雷克雅未克宣言》中，国际人文主义者联盟支持：①《联合国气候变化框架公约》与 2017 年《巴黎协定》和 2017 年联合国气候变化大会（COP23）的最终工作；②科学界、工程界和活动家们迫切需要研究和应用新技术与战略，以减轻对文明和生物多样性的风险；③全球需要向新的资源利用方式和新的能源生产方式过渡，使之在社会和环境上可持续发展。

此外，呼吁所有人文主义组织，整个民间社会和世界各地的所有人：①强调其政府和区域机构需要采取紧急行动，减少温室气体排放，使土地利用和资源开采可持续，并保护野生栖息地；②促进对紧急行动和长期政策制定的社会和政治承诺，以减轻和预防气候变化。

国际人文主义者联盟也不断促进全球人文运动的发展，通过成长和发展计划，努力鼓励新的人文组织的发展，为崭露头角的人文主义和世俗团体提供资源和直接支持。

（本文编译者　王丽慧）

参考文献

［1］田崇勤，张传开，杨善解. 简明西方哲学手册［M］. 南京：南京大学出版社，1989：78.

［2］Humanists International .The minimum statement on humanism［EB/OL］.［2020–12–20］. https://humanists.international/what–is–humanism.

［3］杜维明. 人类如何走出世俗性的人文主义［J］. 人民论坛，2016（21）：130–131.

［4］保罗·库尔茨. 21 世纪的人道主义［M］. 肖峰，译. 北京：东方出版社，1998.

构建全球伦理：世俗人文主义

引言

　　保罗·库尔茨是美国著名的哲学家和世俗人文主义者，出版过大量捍卫科学理性、崇尚怀疑思考的著作，他长期致力于怀疑论和世俗人文主义研究，鼓励怀疑探索，捍卫世俗人文主义的价值观。他在《什么是世俗人文主义》等著作中，不仅系统地论述了世俗人文主义的实质及其基本原则，而且探讨了世俗人文主义在 21 世纪的重大作用。下文简要概述他的世俗人文主义框架和观点。

人文主义伦理学

　　人文主义伦理学的核心原则是什么呢？

　　第一，个人自治是非常重要的。全球伦理有义务提供选择上的最大自由：包括意识和思想上的自由，自由思考和自由探索。只要不妨碍他人，个人有选择适合自己的生活方式的权力。这是民主社会的核心，可以选择多样性的不同的价值体系。

第二，个人自我决定的保护并不意味着所有的人类行为都是可以宽恕的，也不意味着对不同生活方式的宽容都是被赞许的。伦理人文主义者主张，伴随自由社会的是一种约束，是提高品尝和欣赏的质量水平的不断需要。人文主义者相信，自由必须与责任共同存在，他们认识到，所有个体都是生活在群体中的，一些行为是破坏性的、错误的。

第三，人文主义的伦理哲学家一直在捍卫一种优秀的伦理，这种伦理需要自制、适度、自我约束和自我控制。在这些优良的标准中，包含自主选择、创造性、伦理评判、成熟的动机、合理性和实现个人最大才能等优秀品质。人文主义旨在提倡最好并使所有人拥有最美好的生活。

第四，伦理人文主义者意识到自己对人类社会的责任和义务。这意味着，我们不应该只要求别人满足自己的目标，我们必须平等地对待他们，体谅他们。人文主义者主张，"每一个人都应该被仁爱地对待"。他们接受这样一条"黄金律"："己所不欲，勿施于人。"相应地，他们接受古老《圣经》中的训谕，我们应该"像接受自己的兄弟姐妹一样接受外来人"，尊重他们与我们不同的东西。在广义上说，我们都有不同的信条，我们都不相互熟悉，但我们仍然可以成为朋友。

第五，伦理人文主义者相信，同情和关爱的品质对于伦理行为是必需的。这意味着，我们应该发展一种利他主义的关心，关心他人的利益和需要。道德行为的基石是"共同的道德行为"，也就是说，为不同的宗教背景和差异文化所广泛接受的一般道德品质是：我们要说真话、守诺、诚实、真诚、仁慈、可靠和可信赖，表现出忠诚、感激和感恩；公平、正义和宽容；我们应该理性地与不同的见解进行谈判并与他们合作；我们不应该偷盗或损伤、致残或伤害他人。虽然人文主义者一直在唤醒自由，以摆脱那些极端拘谨的教条，但他们同样在捍卫道德责任心。

第六，伦理人文主义者的首要事务是亟须为孩子和年轻人提供道德教育，以发展共同的优良品格和对道德行为的欣赏，并鼓励道德的成长和培养理性道德。

第七，伦理人文主义者建议，在架构我们的伦理判断中运用我们的理性。假如我们需要解决道德窘境，就需要一个细致耐心的过程。在存在差异的地方，我们需要运用理性的对话与之商议。

第八，伦理人文主义者主张，我们时刻准备在现实和未来期望的前提下修正我们的伦理原则和价值准则。我们需要汲取过去的一些优秀道德智慧，但也需要发展新的解决道德窘境的手段，而不管它是新的还是旧的。

第九，伦理人文主义者主张，我们需要尊重伦理原则。这意味着结果不能代替过程，相反，我们的结果是由过程产生的，允许我们做的是有限的。今天强调这一点尤其重要，在 20 世纪的集权统治下，充满宗教狂热的政治意识，为了眼前的结果，忽略了道德途径。

全人类共同面临的责任

当今世界最主要的需求是发展新的全球伦理学，以保护人权，提高人的自由和尊严，但强调我们自己对人类整体的义务也是十分重要的，这是地球市民的品德。

第一，全球伦理学所遵循的原则是尊重地球上所有人的尊严和价值需要。毋庸置疑，每个人都意识到了自己对所在社会的多种责任：个人有对家庭、朋友、社区、城市、国家的责任，或其所在民族的责任。然而，我们也需要把这种责任赋予一种新的已经出现的约束——对我们民族以外的人也负有责任。这个星球的人，现在比以往任何时候，在道义上和物质上都相互联系着，警钟对一个人响起的时候也对其他人响起。

第二，减少人类的痛苦，增加人类幸福，我们应该在可能的地方尽可能地这样做，并把这种责任扩大到整个世界。这种责任已经被宗教信仰者和非信仰者认识到了，这一点是人类道德体系的必要组成部分。一个民族，如果宽恕其成员对人类共同道德品性的侵犯，是不能持久的。目前，关键的问题涉及原则的范围。我们认为这种道德责任应该是广泛的：我们不仅要关心自己社区或国家中的人们的福利，也要关心整个地球人的福祉。

第三，我们应该避免过分强调狭隘主义的文化多元，这种狭隘主义是具有分裂性和破坏性的。我们应该容忍文化上的差异，除非这种文化具有压制性而使他们自己难以忍受。现在是超越种族主义以发现共同基础的时候了。种族论是旧的社会地理隔绝的结果，在一个全球开放的社会中已不再涉及，不同种族之间的相互作用和通婚不但是可能的，而且是受到鼓励的行为。虽然一个人会忠于自己的国家、种族，或者种族群体的利益可以超越个人的利益，种族和国家中的过度沙文主义经常成为破坏性的因素。道德关怀与忠诚在种族奴役和国家范围内因此也不应该终结，理性的道德使我们乐于在不同种族之间的个体中建立和形成合作机构。它将使我们之间加强整合而不是分离。

第四，尊重和关心人应该平等地运用于人类全体。这依次表明，全体人类应该被人性地对待，而且我们应该保护各地的人权。相应地，我们每一个人都有减轻世界各地人们的痛苦的责任，以及贡献共同的善。这个原则表达了我们的最高的同情和仁慈之情。它意味着生活在富裕国家的人有义务在可能的地方减轻贫穷国家的人们的痛苦，并提高人们的福祉。此外，它也意味着，欠发达地区的人有义务用互利的良好愿望代替对富人的仇恨。富人对穷人能够做的最好的事情是，帮助他们自己救自己。如果人类大家庭中的穷人要得到帮助，富人就必须限制自己的浪费和不要过分奢侈。

第五，这些原则不仅要运用于全球的现在，也要运用于全球的未来。我们不仅要对将来的后代负责，更要为长远未来的子孙负责。因此，具有理性伦理的人认识到，自己对世代子孙所负的责任，对人类的今天和未来负有责任。

第六，每一代人都有责任为尽可能远的后代子孙留下美好的环境。我们应该避免过分的污染，应该合理使用自己需要的那份，避免浪费地球上的不可再生资源。在人口过度增长和资源加速消费的时代，这似乎是一个不可能的理想。但是，我们必须努力，因为我们今天的行为将决定下一代人的命运。我们需要反思并对我们的不可忍受的行为进行评估，我们可以为他们的节约而赞扬或对他们所犯罪行而抱怨。例如，我们可以批评那些耗尽汽油、天然气或水资源的人。相对地，我们要感谢那些自然保护方面的建筑师和工程师，如净化水的工厂、地下储备系统、高速公路和桥梁，是他们建造了它们并使我们至今受益。

我们能够对未来世界充满感情，并想象出生活在那个时代的人喜欢什么样的工程，推断出我们今天应该为明天承担哪些义务。我们对未来的义务部分取决于我们对上一代人的感恩，他们做出的牺牲正是对我们的恩惠。后代人需要在当代有代言人，为他们做代理服务，保护他们未来的权利。这样说，并不是在提供一种不可能的义务，因为人类好的一部分是，他们可以道德地关心未来的一代，包括关心他们的环境。人们甚至会认为，英雄的理想主义值得敬爱之处在于，这种精神超越了行为自身的含义，人性最大的善总是激励着人类自身。

第七，我们不要做一些威胁下一代生存的事情。我们必须看到，我们这个星球还没有把大气、水和土壤损毁到下一代人无法生活的地步；我们应该看到，我们这个地球还没有放弃大规模的杀伤性武器。历史上，人类第一次拥有了毁灭自己的手段。冷战结束以后，并不能保证"达摩克利斯之剑"不再落下，复仇的狂热情绪或那些极端的人还会使世界处于毁灭状态。

因此，有生命力的新的全球伦理学关注安全、平安，美好世界将是我们首要的义务，我们应该尽所能地担起弘扬伦理的责任。这种责任应该对地球上的所有人负责，不管是宗教还是自然主义，有神论还是人文主义者，穷人还是富人，要施惠于所有的民族、种族和国家。

我们应该使后人相信，为了创造一个新的全球意识，共同努力是必不可少的，把人类作为一个整体来保护和改善是我们的首要职责。

构建全球伦理——全球权利议案

为了实现全球伦理学的重任，我们提供了一份关于全球的权利和义务清单，它是把人类福祉作为整体考虑，是关于全球义务的具体体现。它与《人权宣言》相配合，但提供了一些新的内容。许多国家已经在自己的国度实施了这些内容，但这份全球的责任和义务清单需要不断地明晰，并运用到全体人中。

第一，我们应该努力去结束贫穷和营养不良，为地球上所有的人提供足够的健康关怀和居住场所。这就是说，所有的人都应该得到足够的食物、清洁的水，我们应该尽所能地根除传染病，保持卫生，保证最低的居住标准。

第二，我们应该努力为每一个人提供经济安全和足够的收入。这意味着给人们公平的就业机会、失业保障和退休后的社会保障。尤其要为残疾人提供技能教育的项目，提高他们的能力，并为他们提供就业机会。这里一个主要的前提是自助：个人要尽自己的努力来获得足够的收入。社会能够做的只是通过私人和公共的途径提供机会。

第三，人人受到保护，免于无故的和不必要的受伤、危害和死亡。人类的成员应该是安全的，个人的物质利益不受侵害，个人财富不被偷盗，不受到恐吓（不管是来自个人，还是机构或社会政治）。避免性虐待、性骚扰和强奸。性行为应该以双方同意的原则，在任何情况下都不允许强奸幼儿。

死刑不允许作为一种惩罚的方式，它应该被其他的惩罚措施比如终身监禁所代替。大多数文明的国家已经废除了死刑。

第四，个人应该有选择生活家庭的权利，或者选择户主的权利。根据其收入情况，有权利选择养育或不养育孩子。任何人都有选择自己生活方式的权利，决定要孩子的数量和生活空间。个人有权用生物学方法拥有自己的孩子，或领养孩子，或不成家。

对那些选择抚养孩子的人应该有基本的要求：父母应该为孩子提供安全和爱的环境，孩子不应受到父母的虐待，幼儿和青少年不应该被强迫进行成年人的劳动或酗酒。父母不应该忽视孩子，或忽略孩子的营养、卫生、居住地、医疗和安全。父母不能忽略孩子的受教育、文化熏陶和增长知识的权力。

第五，受教育和丰富自己文化的机会应该很充分，人人都应该有扩展知识的机会。最低限度上，学校教育对孩子的整个青少年时期都是有效的，但是受教育机会还应该对所有年龄的人都有效，包括对成年人的继续教育。

第六，个人不因种族、宗族、民族、文化、阶层、世袭、教义或性别的不同而受到歧视。我们需要发展一种新的人类身份，即地球人的身份，这种身份应该被首选为消除歧视的基础。宗族、种族和民族仇恨是不道德的。

阶级对抗可能是歧视的源泉，传统的障碍如世袭制度阻碍了几百万人的进步。信仰的权力和实践，或不受歧视的信仰应该受到尊重。性别歧视是不允许的，妇女应该与男人平等。社会不应该否定单性、双性，或超性别、变性人的权利。

第七，平等的原则应该被文明社会所尊重，包括以下三个方面：一是法律面前的平等。人人都应该遵循法律的程序，得到同等的法律保护。二是平等的尊严。人人都有相同的尊严和价值，其利益和权利与其他人相同，不应被剥夺。三是基本需要的满足。由于自身的缺陷，个人可能缺少资源，不能满足最低的基本需求，包括食物、住所、安全、健康、文化熏陶和教育。在这种情况下，如果社会有这种手段，那么就有义务尽可能地满足他们的这些基本的需求机会平等：在自由社会中，应该有平衡的环境。在一个开放和自由的社会，应该有责任满足成人和儿童的兴趣和热望，以表现他们的非凡才能。

第八，在各自的条件下，过好生活，追求幸福，获得创造力的满足和得到休闲，是每个人的权利，只要他们不妨碍别人的利益。核心的原则是，每个人都应该被提供实现自我的机会，获得社会资源，但这种实现是以个人为基础，而不是以社会为基础的。

第九，个人具有欣赏和参与艺术的机会。

第十，在个人选择方面，自由不应受到阻碍、限制或禁止。包括思想自由和意识自由、言论自由和追求个人生活方式的自由，只要他不妨碍其他人实现这种自由，这种权利就不应该受限制。

我们要乐观面对人类的未来

最后，也许是最重要的，作为这个星球上的人类社会的成员，我们需要培养对人类未来的乐观态度。虽然许多困难难以克服，但我们有充分的理由相信，我们可以用我们的智慧来解决。怀着良好的愿望和努力，人类社会将有越来越多的人拥有美好生活。全球伦理学对人类做出极大的承诺，我们愿意培养一种对人类的潜在机会怀有好奇和兴奋的意识，去实现我们自己的富裕生活，也为我们的后代提供一种美好的生活。理想孕育未来，只要我们这样去做就能取得成功。我们的乐观是以对成功可能性的现实评价为基础的，但我们仍然需要一种能够克服困难的信心来激励自己。

全球伦理反对虚无哲学的悲观和绝望：那些背离理性和自由的忠告，那些散布恐惧和凶兆的言论，那些被阿姆斯特朗所蛊惑的预言情景。人类总是要面对挑战的，那是我们这个星球连续不断的传奇故事的组成部分，生活因为这些负责任的设想和通过必要的合作努力实现我们的诺言而变得丰富多彩。我们能够也应该创造一个崭新的明天，未来是新鲜而广阔的，它会为我们展示一个新的、勇敢而兴奋的场景。全球伦理学能够为我们做出重要的贡献，提供一种必要的积极态度，我们意识到这种无与伦比的机会，在未来的第3个千年或更远的将来等待着我们。

我们相信，当务之急是要为这种前景而奋斗，与我们分享这种价值。在传统文化的差异化和多元化中，我们需要认识到，我们是人类大家庭的一员，共同分享着一个地球。解决存在的问题，需要世界共同的智慧和合作，每个人都有区别于他人的能力，我们要为集体的命运负责。这个星球是我们共同的家园，我们能够使之更加繁荣。未来是开放的，选择由我们来做，我们能够共同达到美好的结果和实现人类的理想。

（本文编译者　郑念）

参考文献

[1] KURTZ P. What is secular humanism? [M]. Prometheus Books，1982.

[2] KURTZ P. Secular humanist morality [J]. Free Inquiry, 2007（27）：4-7.

[3] 保罗·库尔茨. 新怀疑论 [M]. 郑念，译. 上海：上海交通大学出版社，2021.

[4] 林庆华. 保罗·库尔茨的世俗人道主义思想 [J]. 哲学动态，2000（7）：32-36.

科学理趣篇

科学的探讨与研究，其本身就含有至美，其本身给人的愉快就是报酬；所以我在我的工作里面寻得了快乐。

——居里夫人

"司南"不一定是勺，但勺能指南

近日，一则关于电子科技大学教师在 QQ 群称"四大发明在世界上都不领先"的新闻引发了社会关注。除了对事件本身的热议，还有对中国古代科技的讨论，甚至又翻出谈了数年的中国古代有无科学的问题。实际上，对于"四大发明"的质疑从未停止过。在学界，对指南针的起源问题经历了数十年的探索，成果丰富却一直无定论。有人认为指南针的前身"司南"更是被神化的不存在之物。如今很多问题已经有了新的回答，本文只是想帮助了解一些关于司南的事实，澄清误解。

作为我国古代"四大发明"之一的指南针一直蜚声中外。指南针的发明时间可以追溯到唐代，在北宋时期被用于航海，并传入欧洲，为世界航海发现创造了条件，这是普通大众对于指南针的了解，而且我们认为"司南"是最早的指南针是从课本中学来的知识。

但是，关于指南针的起源，尤其是针对"司南"，在学界一直存在争议。"司南"到底是不是磁性指向工具？"司南"是不是勺状？由于几乎没有人见过复原的司南，那我们心中神圣的"司南"真的能指南吗？如今，这些典型的问题有了最新的解答。

有关司南的各种争议

关于指南针的起源和演变的学术探讨已有百年历史。20 世纪初，国内外学者将"指南车"与指南针混淆，认为传说中的黄帝时期就有了指南针，先秦文献中提到的"司南""指南车"具有指向功能。

20 世纪 20 年代初日本学者发现，汉唐文献只记载了磁石吸铁，并未说明指向，到宋代《梦溪笔谈》才记载了磁针指极和地磁偏角等内容，因此提出了指南车不是磁性指向装置，指南针应是宋代以后的发明。但我国学者否定了这种推论，他们认为确切的文献记载只能作为指南针发明时间的下限，还可以继续向前探索。

到目前关于指南针的起源存在"秦汉磁石勺说"和"唐末磁针说"两种观点。争议最大的也是前者，最初在 1928 年由当时的青年历史学家张荫麟提出：东汉王充《论衡·是应篇》记载"司南之杓，投之于地，其柢指南"中的"司南"可能是东汉最新式的磁性指向装置，并找到佐证，如《韩非子》《鬼谷子·谋篇》等所记载的"司南"可能也是磁性指向器。

到了 20 世纪 40 年代中期，科技史家、文物复原专家王振铎提出了"磁石勺＋青铜地盘"的"司南"复原方案——我们常见的那把勺子。事实上，王振铎用天然磁石制作了多枚磁石勺，其中有数枚确实可以指南。他的成果发表在 1948 年的《中国考古学报》上。1952 年，科学史家李约瑟来华曾与王振铎讨论过他的复原模型，还在专著中描述了他看过的演示，效果理想。

由于尚未见到考古实物，王振铎表示姑且以这种方案来代替。这一复原工作在国内外引起了极大的社会反响，最著名的当属 1953 年发行的《伟大的祖国》邮票，第一枚展现的就是勺状司南，而这一图案后来被辞典、教材引用，被奉为中国古代先进科技的标志之一。

在巨大的影响之下，学者们也纷纷提出质疑。他们在学术上质疑的最主要的原因是，无法确定古书记载的"司南"究竟是不是磁性指向装置。有人认为王充《论衡》中的司南是北斗七星，其他古籍中的"司南"可能代指官职、权力、法律等，都源自对北斗的延伸。另有人通过考证，认为"杓""柢"是指南车的横杆部件，"司南"还应是指南车。近来有人提出了"原始水浮指南针"的复原方案，认为"司南"是原始的水浮指南针。

还有就是对磁石勺制造工艺和指向可行性的质疑。比如，磁石勺是否真能在地磁场作用下转动？王振铎的复原使用了当代铣床等工具，古人是否有能力对磁石进行加工？

更为关键的是，除了王振铎，其他人都未能成功做出可以指南的磁石勺。而且长久以来，鲜有人见过王振铎的复制品，甚至连国家博物馆的工作人员都表示没见过（原型只在 20 世纪 80 年代展出过一小段时间），后来陈列的展品都是用充磁的金属制成，以至于开始怀疑王振铎当年是否真的制作了磁石勺。

用充磁"造假"还有一件大事，成了否定磁石勺"司南"是磁性指向装置的证据：1952 年，时任中国科学院院长郭沫若作为代表考察苏联科学院，想把司南作为国礼相赠，就委托中国科学院物理研究所的钱临照先生制作，但没能成功。不得已用钨钢勺磁化的方法制成了"司南"，以致后来"司南"的复原模型也是合金制成，最终导致"司南"几十年来在社会上争议不断。

司南有无磁性，能否指南

给出新解答的人是中国科学院自然科学史研究所副研究员黄兴。2014年，刚刚博士毕业的他来到中国科学院自然科学史研究所进行博士后研究。

他的合作导师、自然科学史研究所所长张柏春研究员交给他一个课题：用科学实验方法研究古代指南针，这项课题的重要研究内容之一就是验证磁石勺能否指南。

黄兴的研究并没有因缺少历史文物而受到阻碍，作为一名专业的科学史研究者，他表示，"没有文物还有文献，没有文献我们能做实验"，即从实证的角度来探究古代技术的可能性。

从前人文献开始，黄兴仔细梳理了各家的学术观点和实验过程，意识到要制作能指南的磁石勺，必须要得到其原材料"磁石"，而且是强度足够高的磁石。

什么是磁石？中西方古代文献中都记载了能相互吸引、排斥、吸铁的石头，外观上这种磁石还"长毛"——磁石上会吸附岩石碎屑。根据现代岩石磁学理论，磁石是古人对多类具有显著天然剩余磁性（Natural Remanent Magnetism，简称 NRM）铁矿石的统称，包括磁铁矿（Fe_3O_4）、磁赤铁矿（γ–Fe_2O_3）和磁黄铁矿（$Fe_{1-x}S$）等，而且是 3 种矿物中少部分才能显示出明显的磁性。这些铁矿石在长期的高温成矿过程中，在地磁场中不断降温获得了热剩余磁性，具有很强的稳定性，远胜于摩擦磁化得到的等温剩磁。

黄兴来到史书中记载产磁石的地方寻找磁石，几经辗转，在河北省张家口市龙烟铁矿区发现了与文献相符合的"长毛"的磁石。为了确定磁石的成分，他用 X 射线衍射方法分析，得出结论：主要成分为磁赤铁矿。

实际上，想要制作磁石勺，必须有性能良好的磁石原料，这一点是其他人未能成功的主要原因。不仅对于今天的研究者如此，对于古人也有同样的问题。磁石是勘探铁矿的显著表示，因此易开采的磁石资源消耗很快。黄兴认为，磁石逐渐稀缺也可能是磁针式指南针出现的原因之一。

那么这批磁石磁性如何？据《雷公炮炙论》记载，"夫欲验者，一斤磁石，四面只吸铁一斤者，此名延年砂。四面只吸得铁八两者，号绩末石。

四面只吸得五两以来者，号曰磁石"（这里的斤根据南朝度量衡约为220克）。经过吸铁实验测试，再与古籍文献记载的磁石吸铁能力对比发现，黄兴找到的磁石与文献中的中上等磁石磁性相当。

磁石勺能否实现指南，实际上是指它能否实现在磁场下转动，这取决于其受力矩的大小，反映在磁学参量中是磁矩。由于收集到的磁石形状不规则，尺寸也超过现有设备的检测范围，黄兴用了近一年时间自行设计制作了一套磁矩测量装置，可以方便地在加工磁石勺时测量磁矩。了解了磁石的性能，再加上已知地理南北极，就可以人工标定好方位（让勺把指南），在理论上就可以认为制成的磁石勺可以指南。

磁石勺能指南，效果不一般

万事俱备，黄兴开始动手制作磁石勺。他首先要解决的问题是，古人是否有技术将磁石切割加工成勺状？黄兴解释说，"从石器时代起，人们就开始加工石头；汉代钢铁技术已经基本成熟，创造出各种铁质工具，石刻艺术手法娴熟，古人制成勺状不成问题"。

黄兴仿照古代的加工方式，使用绳砂、转式切割机切削磁石，用罗机和磨头打磨了勺窝，用砂纸和锉打磨了勺底，完全以和古代相当的工艺水平制作了多枚磁石勺。

实验发现它们都有固定指向，其中多枚无须人为触动勺体，磁石勺就能自动指南，误差只有5%左右。黄兴还发现，经过打磨会让磁化强度略有减小。为了进一步考查磁石勺的磁性，黄兴持续监测了两年多的时间，磁化强度虽略有降低但能保持稳定，指南效果完全不受影响。

至于王振铎方案中所用的光滑青铜地盘，原来被认为是为了减小摩擦力以辅助指示方向，并且古人有相当高超的青铜工艺，硬度足够，更能方便指南。

为了考虑地盘的硬度和粗糙程度对于转动的影响，黄兴做了大量的对比实验，但最终发现，有无底盘并不重要。他采集到的天然磁石磁性远胜于王振铎所用磁石。他制作的磁石勺在硬一点的木质桌面上、水磨石地面上，甚至有微小颗粒的水泥地上，只需稍微触碰使其启动，都可以正常指南。因此，黄兴认为《论衡》中"投之于地"的"地"完全可以采用一般解释，就是室内的地面。

那为什么古人会把天然磁石制成勺状？黄兴认为，从力学角度来看，勺底球型会把滑动摩擦变成滚动摩擦，摩擦力显著减小；而且重心较低，不易倾斜。勺柄则增加了勺体的转动惯量，可以让勺体晃动更长时间来完成指向，"最适合的造型就是勺型"。

尽管制成了可指南的勺状"司南"，但对于一项学术研究来说，仍要考虑所有相关因素。今天制成的磁石勺能否在古代也适用？这就要考察古地磁场。黄兴考虑到地磁场总量和地磁倾角的波动极易被放大，可能对磁性指向效果产生重大影响，而且古地磁学研究表明地球磁场存在复杂的变化，这也是以前研究指南针的学者所忽视的问题。

黄兴从前人发表的数据中归纳出了2000多年来北京、洛阳、天水三地的地磁场水平分量的演变曲线，发现曲线呈 M 形变化，峰值几乎是低谷的2倍。公元前4世纪至公元6世纪初为高峰期，《论衡》成书就在这段时间。而北宋与现代相当，处于低谷期。

黄兴又制作了可以产生匀强磁场的大型的亥姆霍兹线圈模拟古代地磁场，将磁石勺放进去进行指向测试，发现定向速度明显加快，而且指向更精准。这个实验让他想到，古地磁场的演变可能与磁性指向器的演变相关，人工磁化性能更好的"指南针"之所以出现于宋代，不仅因为磁石的稀缺，还因为这时期地磁场水平分量弱。

勺状"司南"的复原成功，质疑王振铎方案也可不攻自破。事实上，黄兴在最开始研究时，就找到王振铎后人家中保存的磁石勺，现保留了3枚，经过测试还有2枚有效，这就澄清了所谓王振铎磁石勺"司南"不存在的误解。另外，因为王振铎的磁石勺很早之前就从国家博物馆撤展，人们见不到实物，才加重了疑虑和误解。

对于当初用"司南"作为国礼相赠，却用现代方法制作一事，黄兴说："虽然这件事是口述相传，但包括钱临照院士在内都没否定磁石勺'司南'的方案。如果不可行，还作为礼物相赠，必授人以柄，贻笑大方。没做成功的原因很可能是所用磁石强度不足，而王振铎之前制作的磁石品相不够美观，不适合作为国礼。"

黄兴从实证角度证明了天然磁石能够制成勺状，能够指南，而且能长时间使用。但他也认为，"磁石勺方案贴合文献记载，技术上确实可行，是目前最佳的复原方案。但司南究竟是不是磁石勺，现在还没有判定性证据，有待进一步研究，不必急于肯定或否定复原方案"。"司南"到底指代的是什么，仍需要继续研究。同时，他也感谢我国学者刘秉政、戴念祖、孙机等前辈，正是他们的争鸣推动了我国指南针起源历史的研究工作。

还原古代文明

黄兴的课题研究中还尝试了其他磁石指向器还原方案，如磁石水浮、悬吊、金属勺盛放磁石等，还通过实验检测了北宋《武经总要》指南鱼的磁化机理，测试了铁质指南针的外形、材质与磁化性能的关系等，取得了一系列重要的新发现。

实际上，科技史的研究是以过去的科技案例为研究对象，探寻科技发展的历史过程，总结科技与社会之间的规律性认识。通过对磁性指向器的研究，不仅能探寻磁技术的历史，更能发现它的社会意义和文化意义，黄兴说："用更宽广的视野来看待古代磁性技术，可以让我们对指南针的认识更加有血、有肉，更丰满。"

黄兴认为，古代磁性技术与钢铁技术的形成有关，也与我国古代的宗教、巫术文化有很深刻的关系。

磁石的大规模记载始见于公元前 7 世纪前后，战国时期从事占星、巫术的方士就利用磁石设计出了多种方术来"忽悠"统治者。秦代方士提出了磁石门方案，进一步博得了秦始皇的信任。西汉方士为汉武帝表演斗棋，一时获得了无比的荣宠；方士还将各种方术与儒家学说相结合，与风水、丧葬等礼俗文化结合……在此过程中，不断积累知识，最终发现了磁性指向技术。方士们还发明了更好用的罗盘指南针，逐渐成了方士和风水先生的必备工具。

黄兴说："指南针集科学、历史、神秘、文化于一身，是一项独特的古代发明。"在常人眼中，指南针可能只是一把勺或者一枚针，但它也是一部内容丰富的历史故事，等着我们去进一步挖掘。

（本文作者　刘辛味）

参考文献

［1］黄兴. 天然磁石勺"司南"实证研究［J］. 自然科学史研究，2017（3）：361–386.

［2］黄兴. 中国指南针史研究文献综述［J］. 自然辩证法通讯，2017（1）：85–94.

［3］戴念祖. 再谈磁性指向仪"司南"——兼与孙机先生商榷［J］. 自然科学史研究，2014，33（4）：385–393.

［4］孙机. 再论"司南"［J］. 中国国家博物馆馆刊，2018，180（7）：156–162.

［5］专家释疑：天然磁石勺能指南吗［N］. 中国科学报，2018–11–09（3）.

补品真的能让你更聪明吗

现代社会竞争愈发激烈，拥有聪明的头脑，无异于在竞争中抢占了先机。如何能变得更聪明，许多人将目光投向了各种各样的健脑补品。

不少销售健脑补品的公司宣称，他们的产品含有健脑物质，这类物质好处众多，包括增强记忆力、提高学习能力、提升注意力、加速认知能力等。健脑药（Nootropic）一词来源于希腊语，带有销魂、致幻的含义，通常指可食用的化学物质。

如今，市场上售卖的健脑补品种类繁多，有含有苯丙胺和哌醋甲酯兴奋剂的药物类补品，如利他林（Ritalin）、阿德拉（Adderall），也有含有睡眠抑制剂的莫达非尼（Modafinil）等。当然，健脑补品还包括一系列的膳食补品，这类产品以维生素、矿物质和构效关系相对明确的提取物为主要原料，希望达到提升机体健康的目的。

同各类保健品一样，健脑补品背后有一个庞大的产业链。生产健脑补品的公司宣称，如果你想在竞争中胜出，就需要提升智力水平，那么健脑补品是不可或缺的。在这个竞争激烈的社会，这样的卖点无疑让人无法抗拒。其他领域的保健品公司（包括健身和减肥）也成功地使用了类似的推广说辞。因为大多数人都认同一个观点，更高效地思考，在当今这个信息驱动的社会非常必要。

那么，服用健脑补品真的能帮助你在竞争中占据优势吗？

对鱼油健脑功效的分析

鱼油是最受欢迎的补品之一，普遍认为它对人体有诸多好处。鱼油是一种从多脂鱼类中提取的油脂，在鲑鱼、鲭鱼和沙丁鱼等油性鱼类中均发现的 Omega-3 脂肪酸（以下简称 Omega-3）。这种脂肪酸可以促进大脑发育，有助于脑细胞膜的形成。科学家由于发现生活在格陵兰岛的因纽特人（爱斯基摩人）很少患有心血管疾病，从而开展对 Omega-3 的研究，发现其有抗炎症、降低血脂、舒张血管及抗氧化的作用。一直以来，保健品公司都宣称，鱼油对妊娠哺乳期妇女、儿童和老人都有一定益处。

人们认为 Omega-3 对妊娠和哺乳期妇女非常有益，它是胎儿大脑和视网膜的重要组成部分。因此在妊娠期摄入足够的 Omega-3 很重要。2013 年，美国纽约大学约翰·普罗茨科（John Protzko）研究团队，经过统计 10 项相关实验结果后综合分析认为，摄入充分 Omega-3 的孕妇和哺乳期妇女，她们的孩子拥有更高的智商。但是近期南澳大利亚健康与医疗研究院（South Australian Health and Medical Research Institute）的研究却得出了不同的结论。他们利用 10 年时间跟踪了约 2500 名孕妇，其中一半服用鱼油，一半服用安慰剂。对出生后 18 个月到 7 岁孩子的跟踪比较研究发现，母亲服用鱼油的孩子们在智力、语言能力和运动能力方面都没有改善。

同样，有研究结果发现，儿童和老年人服用鱼油也没有达到健脑的效果。一项为期 16 周的研究为 7 ~ 9 岁的健康儿童提供了鱼油或口味、颜色相似的安慰剂。研究结果表明，鱼油对儿童的阅读能力、行为能力和记忆力并没有帮助。鱼油是否能促进老年人健脑呢？2013 年，英国健康协作组织考科蓝（Cochrane）进行了一项相关的调查，有超过 3000 名 60 岁以上健康老人参与。这些参与者服用了鱼油或安慰剂至少 6 个月。在 40 个月后，研究者对他们的认知能力进行测试。测试结果表明，对于认知能力正常的老人，鱼油也并没有什么额外的功效。

银杏叶提取物和预防认知能力下降

银杏的种子和叶片被用作草药已有数千年的历史。银杏叶提取物作为植物性膳食补充剂也有数十年的历史。银杏叶提取物补充剂被其推崇者认为是大脑的助推器，可以有效防止老年人认知能力下降。

在临床医学研究中，有很多关于银杏叶提取物对阿尔茨海默病的治疗效果的研究。杰弗里·凯（Jeffrey Kaye）在 2009 年进行了一项研究，目的在于确认银杏叶提取物是否能降低具有正常认知能力的老年人和轻度认知障碍（Mild Cognitive Impairment，简称 MCI）的老年人患痴呆和阿尔茨海默病的概率。这项研究招募了 3070 名年龄在 70 岁以上的志愿者，参与者接受每日 2 次、每次 120 毫克剂量的银杏叶提取物或安慰剂。实验结果表明，银杏叶提取物不能有效降低上述人群痴呆或阿尔茨海默病的患病率。

2010 年的一项综合分析报告指出，摄入大量银杏叶提取物与降低患阿尔茨海默病的风险并没有关系。研究人员指出，最新的研究并未发现非处方类的记忆增强剂对阿尔茨海默病患者有益。尚未发现保健品能够最终"减缓认知能力下降或延缓阿尔茨海默病的症状"。

2020 年，北京大学医学院进行的一项基于 2808 篇相关文献的统计分析得出结论，认为银杏叶提取物治疗阿尔茨海默病的有效性尚不确切，但安全性与经济性均较好。

咖啡果提取物和磷脂酰丝氨酸

咖啡果提取物是一种新流行的补品，掀起了一股新的健脑产品热潮。咖啡果提取物制造商宣称，该产品具有提高学习能力、改善记忆功能、增强记忆准确性等诸多功效。原因在于咖啡果提取物中含有的磷脂酰丝氨酸。

有研究认为，咖啡果提取物可以增加脑源性神经营养因子（Brain-derived Neuotrophic Factor，简称 BDNF）。脑源性神经营养因子的增加可以促进脑细胞以及脊髓中的细胞的生长、成熟和增殖。在一项国外研究中，研究人员发现补充咖啡果浓缩汁的人的脑源性神经营养因子增加了 140%。但这项研究并没提供咖啡果提取物有益的证据；该研究涉及的是咖啡果浓缩物，浓缩物与提取物不同。

此外，有关咖啡果浓缩物有益大脑的主张仅依赖于具有少量样本的研究，缺乏说服力。磷脂酰丝氨酸遍布整个大脑。它是一种磷脂，对于增进大脑的记忆功能很重要。但关于磷脂酰丝氨酸的功效还有待深入研究，虽然有研究显示其对增强认知有一定功效，但该研究涉及的剂量要比健脑补品中的剂量高得多。

结　论

如今市场上健脑补品类目繁多。针对这类产品，制造商肯定会极力宣传其贡献，但通过检索不难找到中肯的评论文章，同时也有相关网站对这类产品进行广泛的调查。如果考虑使用健脑补品，最好阅读一下相关文献，除了考虑它是否能增强大脑功能，还要注意这种补品与其他物质混合时是否会产生不良反应。

其实，与健脑补品相比，生活中的运动、营养、具有认知挑战性的活动、积极的社交互动和减少压力，对脑部健康更为重要。通过进行以上活动，大脑功能得到更积极的改善，生活也会更加丰富多彩。

（本文编译者　张晓磊）

参考文献

［1］HALE J. The truth about nootropic brain supplements and brain power［EB/OL］.（2020–05–29）. https://centerforinquiry.org/blog/the–truth–about–nootropic–brain–supplements–and–brain–power/.

［2］COLETTA J M，et al. Omega–3 fatty acids and pregnancy［J］. Obstetrics & Gynecology，2010, 3（4）：163–171.

［3］KAYE J. Ginkgo biloba prevention trials：more than an ounce of prevention learned［J］. Archives of Neurology, 2009, 66（5）：652–654.

［4］PROTZKO J，et al. How to make a young child smarter：evidence for the database of raising intelligence［J］. Perspectives on Psychological Science, 2013, 8（1）：25–40.

［5］RICHARDSON A J，et al. Docosahexaenoic acid for reading, cognition and behavior in children aged 7–9 years：a randomized, controlled trial［J］. Plos One, 2012, 7（9）：e43909.

［6］SYDENHAM E. Omega 3 fatty acid for the prevention of cognitive decline and dementia［J］. Cochrance Database Systematic Review, 2012.

［7］任晓蕾，刘一，詹轶秋，等. 银杏叶提取物治疗阿尔茨海默病有效性、安全性和经济性的快速卫生技术评估［J］. 中国药房，2020（22）：2786–2790.

［8］孕妇补充鱼油并不能提升儿童智力［J］. 中国食品，2017（8）：156.

内分泌失调是抑郁症的原因吗

抑郁症普遍存在

抑郁正在严重影响相当一部分现代人的生活。一个人偶尔感到抑郁是正常的，但是如果长时间有严重的负面情绪，并对曾经愉快的活动缺乏兴趣，这种状态连续发生且持续两周以上，就说明他可能已经患有重度抑郁症。根据世界卫生组织 2017 年发布的文章，全球抑郁症患者已达 3.22 亿人，2005—2015 年患者数量增加了 18.4%。全球范围内约有 4.3% 的人罹患抑郁症，发病风险最高的三个群体为年轻人群、孕妇／产后妇女及老年人。从统计数据来看，抑郁症也出现年轻化的趋势。重度抑郁症表现出各不相同的特征，时间可持续数月至数年。抑郁症会导致人衰弱，并会带来其他健康问题。抑郁是自杀的主要因素，也是 15 岁至 35 岁人群的三大死亡原因之一。抑郁症不仅会影响患者的生活，还会改变患者身边的人的生活。如果你曾经和患有严重抑郁症的人一起生活和密切接触，你可能已经经历了抑郁症带来的混乱生活。

抑郁症涉及许多变量，很多研究都在寻找抑郁症的原因。一般认为，抑郁症的发病受生理、心理、社会等各方面因素的影响，不能用常说的内分泌失调，或者缺少血清素这种特殊神经递质来加以解释。神经递质将信号从一个神经元（一种脑细胞）传递到另一个神经元，心理过程和行为受到不同程度的神经递质活动的影响。神经递质一般分为两类：介导性和调节性。介导性神经递质直接作用于靶细胞，调节性神经递质对其本身的作用进行调节和微改。血清素是一种调节性神经递质。

在关于抑郁症的讨论中，话题几乎总是会涉及对内分泌失调的高估和神化。有人认为抑郁是由于内分泌失调造成的，或者是由低血清素引起的。许多抑郁症患者自己也认为，他们无法控制自己的抑郁是因为内分泌失调。而内分泌失调，则意味着他们必须要服药，因为只有服药才能缓解症状。根据辉瑞制药公司（Pfizer Inc.）的说法，抗抑郁药左洛复（Zoloft）的药物原理是解决大脑中的内分泌失调。而森林制药公司（Forest Laboratories Inc.）则在官网上表明，抑郁症的原因是内分泌失调，最明显的就是血清素失衡。在他们看来，抗抑郁药依地普仑（Lexapro）是通过恢复大脑的内分泌平衡而起作用的。但是，对于这个"平衡"到底是什么，则没有进一步说明。大脑不同区域的平衡是否不同？当不同的神经递质相互作用时，需要不同的平衡吗？

内分泌失调与抑郁症

对于内分泌失调是否是抑郁症的原因这个问题，国内外开展了相当多的研究。认知神经学家克里斯蒂安·贾勒特（Christian Jarrett）认为，这种关于内分泌平衡的说法，或者说对于内分泌的神化，可以追溯到20世纪五六十年代。当时，精神病学研究人员发现，改变大脑神经递质水平的药物有时会改变人的情绪。例如，当一些人服用降压药萝芙碱（Raudixin）时，会降低血清素的水平，从而让情绪变得消极。这种情况让研究人员得出结论：情绪状态与神经递质水平有关。然而，这并不意味着情绪完全取决于化学物质水平。相关的研究认为，焦虑和抑郁涉及诸多生化、生理和心理因素。

目前没有研究表明抑郁症患者的血清素水平比普通人低，也没有研究发现 L- 色氨酸可以提高血清素的水平，改善抑郁的人的情绪。通过实验人为地降低被试的血清素水平，并不一定会导致情绪低落。但是，这些相反或者矛盾的结论却常常被那些宣扬抑郁症由于"内分泌失调"的人所忽视。这些研究者认为，选择性血清素再吸收抑制剂能提高血清素水平。值得注意的是，对于此类药物的研究，结果高度不一致：药物有时有效，有时无效。接受药物治疗的患者和接受安慰剂治疗的患者在统计学上的差异并不显著。美国国家精神健康研究所的临床科学实验室指出："选择性血清素再吸收抑制剂的功效不能作为任何精神疾病病理生理学中血清素功能障碍的主要证据。"

如果低水平的血清素是导致抑郁的原因，那么令人费解的是，为什么具有药物选择性血清素再吸收抑制剂相反效果的药物选择性血清素再摄取增强剂噻奈普汀（Tianeptine）被证明可以降低血清素的水平，并且被认证为治疗抑郁症的有效药物。一项双盲随机对照研究比较了接受噻奈普汀和帕罗西汀（Paroxetine）治疗患者的效果，这项研究共有 44 名抑郁症患者参与，所有参与者在指标上都有所改善，而且两组患者之间没有统计学上的显著差异。据此，研究人员认为，两种药物在临床上都有效，这两种有相反作用机理且都有效的药物对低血清素水平导致抑郁症这一结论也提出了挑战。除了这两种药物，还有一些针对不同机制和不同神经递质的药物已被证明能成功治疗抑郁症。例如，氯胺酮（一种兽医麻醉剂）已被证明可以改善抑郁症状。氯胺酮并不是血清素抑制剂，而是主要的兴奋性神经递质谷氨酸。大多数的抗抑郁药能够促进新细胞生长并产生新的大脑连接，这有可能是支撑药物治疗成功的主要机制。贾勒特认为，抗抑郁药最重要的作用（除了安慰剂效应）可能是促进新的脑细胞的生长。

抑郁症是复杂的

现代医学分析诱发抑郁症的原因时，认为脑部化学失衡是可能的原因之一。脑部化学变化对心理过程很重要，可能会使我们倾向于某种情绪，所有这些过程都涉及电化信号。神经递质过量或不足都会导致负面后果。过量的谷氨酸会导致大脑异常活跃，产生癫痫，并导致脑细胞死亡，破坏大脑连接。低水平的初级抑制性神经递质 γ–氨基丁酸（Gamma-amino-butyric acid，简称 GABA）可引起癫痫发作。就抑郁症而言，仅仅用这种化学失衡来解释是不够的：抑郁症很复杂，涉及很多变量和相互作用。

鉴于抑郁症的病因很复杂，因此确定其病因时，还应该研究遗传因素、情境因素和认知因素。情境因素，如失去所爱之人或离婚可能会导致抑郁。当人经历多次负面事件时，抑郁的风险就会增加。那些对自己、当下生活和未来表现出消极情绪的人都有患抑郁症的风险。

对内分泌失调（化学失衡）的神化之所以一直存在，很可能是人们希望减轻关于抑郁症的耻辱感。因为内分泌无法控制，那么患有抑郁症就有生理上的原因，其他人也就不能因为精神上的弱点而遭受议论。遗憾的是，关于抑郁症的严格的生物学解释似乎并不能改变这种误解。有研究系统分析了人们对精神疾病的看法，研究发现随着时间的推移，人们逐渐对抑郁症的生物学解释增强认识，但是这种认识并未削弱对精神疾病的污名化："对精神类疾病更充分的生物学理解，并没有带来社会公众对精神病患者更大程度的接受。"

（本文编译者　张羽）

参考文献

［1］李·科尔曼. 战胜抑郁症：写给抑郁症人士及其家人的自救指南［M］. 董小冬，译. 北京：中国人民大学出版社，2019 年.

［2］DELGADO P L, et al. Serotonin and the neurobiology of depression: effects of tryptophan depletion is drug-free depressed patients［J］. Archives of General Psychiatry, 1994, 51 (11): 865.

［3］GAZZANIGA M. Psychological science 6th edition［M］. New York, NY: Norton, 2018.

［4］JARRETT C. Great myths of the brain［M］. Malden, MA: Wiley Blackwell, 2015.

［5］LACASSE J R, LEO J. Serotonin and depression: a disconnect between the advertisements and the scientific literature［J］. PLos Medicine, 2005, 2 (12): 392.

［6］NICKEL T, et al. Clinical and neurobiological effects of tianeptine and paroxetine in major depression［J］. Journal of Clinical Psychopharmacology, 2003 (23): 153-168.

［7］SCHOMERUS G, et al. Evolution of public attitudes about mental illness: a systematic review and meta-analysis［J］. Acta Psychiatrica Scandinavica, 2012, 125 (6): 440-452.

测谎仪真的能检测到谎言吗

虽说诚实是一种宝贵的品格，但在现实生活中，人们难免会撒谎，特别是一些善意的无伤大雅的谎言。美国曾经针对不同人群进行过一次调查，结果显示大学生平均每天撒谎 2 次，社区居民平均每天会撒谎 1 次。

人的语言功能是由大脑决定的，谎言亦然，所以要判定一个人是否撒谎绝非易事。罗马时代的"真理之口"就是历史上最古老的测试谎言的产物了。那么，科学飞速发展的时代，是否有这样一部机器可以准确地识别谎言呢？那就不得不提到测谎仪了。

测谎仪的工作原理

早在 20 世纪初期，研究者们就开始考虑用生理测量的手段来区别真话和谎话。心理学家威廉姆·马斯顿（William Moulton Marston）发明了世界上第一台测谎仪，这台机器的工作原理是测量心脏的收缩压。同时，他创作的漫画《神奇女侠》（*Wonder Woman*）中也出现了类似测谎仪的东西。在漫画中，女主角通过将恶棍包裹在她的魔术套索中来迫使他们说出真话。在马斯顿看来，他的测谎仪相当于神奇女侠的魔术套索，是"完美的真话探测器"。

测谎时，测谎仪操作者向被测者提问，此时测谎仪开始测量被测者的生理活动，像出汗、呼吸和血压等。这些测量结果会被绘制在图表上，形成一份连续的头脑唤醒水平记录。最后，通过对图表的解读来判定被测者是否撒谎。

因为生理活动与情绪相关，所以这一现象可以作为判断一个人是否撒谎的线索。比如，紧张会导致出汗增多和皮肤导电能力增强。但依靠解读测谎仪图表并不是很准确，反而意味着要做大量艰难的工作。不同人之间的生理活动差异非常大，因此一个爱出汗的诚实的人可能会被贴上说谎者的标签，相反一个不爱出汗的撒谎者很有可能被认为是诚实的。

测谎仪经常使用的问题格式有普通问题（如"你是某国居民吗？"）和调查性问题（如"你是不是在收款机中偷了100元现金？"）。如此设置问题的目的在于，如果一个人在撒谎，那么他回答调查性问题时所表现出来的生理反应程度会显著区别于回答普通问题的反应。

如何在测谎时使用对策

不过，稍微使用一点简单的手段，人的生理反应就会发生改变，如提高呼吸频率、拉紧肌肉、咬舌头、增加大脑活动等。这些对策很简单，通常几分钟就能学会。当被试者回答普通问题时，他们如果使用了上述对策，那么他们的生理反应就会像回答调查性问题时一样强烈了。

"匹诺曹效应"是指人在撒谎时出现的一种独特的生理反应，认为当人撒谎时大脑中的导叶皮质会被激发。西班牙研究人员的一项研究显示，当被试撒谎时，其鼻尖、内眼角眼眶肌的温度会随着情绪变化上升或者下降。但目前的研究还不能证明这种效应确实存在。因为被试者在回答可能对自己未来产生负面影响的问题时会感到紧张，这是再正常不过的反应。此外，面对错误的指控，或意识到按照这样的方式回答问题可能会面临难以承担的后果时，人们往往会感到惶恐，由此而产生的警醒态度并不能代表被试者在说谎。因此，测谎仪有很高的误报率——人们说的是真话，但是测试结果却认定他们在说谎。

对测谎仪准确性的质疑

测谎仪操作者的认知偏差是导致测试结果不准确的另一个因素。操作者通常可以了解到一些关于被试者的外部信息，这可能会影响他们对测试图表的解读。

为了证明这种偏差在测试中确实存在，格申·沙卡（Gershon Ben-Shakhar）描述了 1986 年播出的电视节目《60 分钟》（*60 minutes*）的内容。该节目的制作人雇用了三家测谎仪公司，让他们找出从摄影杂志办公室偷走相机的小偷。但事实上，相机并没有被盗。然而，每个测谎仪操作人员都将不同的雇员认定为小偷。因为，在测试开始之前，测试人员提前得到了一些建议，告诉他们哪些人有可能是小偷。

美国怀疑论者协会的创始人迈克尔·谢默（Michael Shermer）也质疑了测谎仪的准确性。他录制了一段视频，介绍了他的测谎经验。面对测谎仪，谢默采用了快速呼吸和拉紧肌肉的对策。他一共进行了 5 次测谎，每次测试时他都撒了谎。但 5 次的测试结果全部显示他说的是真话。

测谎仪操作人员迪·穆迪（Dee Moody）在视频中称，测谎仪是检测谎言最准确的方法之一，准确率高达 95% ~ 99%。但在谢默的案例中，测谎仪的准确率为 0。对此，穆迪解释说，测谎仪操作人员应学会识别被测者是否在使用对策，一旦发现就要立即停止测试。

对策的学习和使用无疑是影响测谎准确性的一个重要因素，这也促使美国于 1988 年通过了《雇员测谎仪保护法案》（*Employee Polygraph Protection Act*），该法律禁止大多数雇主对员工使用测谎仪。

结 论

早期版本的测谎仪通过单一的生理手段来检测谎言，随着时间的推移，更多的检测方式被纳入。但无一例外，这些方式都不能准确检测出谎言。没有任何特定的生理特征可以判定一个人确实在撒谎。

所谓的"匹诺曹效应"尚未能被更广泛的研究所证实，目前也没有开发出像《神奇女侠》中的魔术套索那样神奇精准的测谎工具。但是随着技术的不断进步，越来越多的国家已经将测谎仪应用到案件的调查和侦破中。我国也早在 1999 年出台相关文件，允许测谎仪的鉴定结果可以作为审查证据的辅助性手段，但不能作为定案依据。

（本文编译者　张晓磊）

参考文献

［1］HALE J. Can Machines Detect Lies?［EB/OL］.（2020–03–24）. https://centerforinquiry. org/blog/can–machines–detect–lies/.

［2］BEN–SHAKHAR G. Clinical judgment and decision making in CQT– polygraphy［J］. Integrative Physiological and Behavioral Science, 1991, 26：232–240.

［3］FIENBERG S, STERN P. In search of the magic lasso: the truth about the polygraph［J］. Statistical Science, 2005, 20：249–260.

［4］IACONO W. Effective policing: understanding how polygraph tests work and are used［J］. Criminal Justice and Behavior, 2008 35：1295–1308.

［5］科学证实匹诺曹效应　人类撒谎时鼻子会变热［J］. 创造, 2012（12）：68.

［6］最高人民检察院关于 CPS 多道心理测试鉴定结论能否作为诉讼证据使用问题的批复［J］. 中华人民共和国最高人民检察院公报, 1999（6）：24.

30年前的全球变暖预测模型准确吗

气候变化（Climate Change）一直是科学家、政府和公众密切关心的问题。美国前任总统唐纳德·特朗普坚持认为全球变暖是一个骗局，而且很多美国民众也认同他的观点。这些支持者对政府、科学界关于气候变化的观点持否认态度，认为"气候模型是错误的，因此不能将之作为政策的依据"。当然，这种批评很少有任何可信的分析论据作为支持，也就是说并没有足够有力的证据说明科学家们提出的气候变化的预测模型是错的或者是有缺陷的。联合国政府间气候变化专门委员会（Intergovernmental Panel on Climate Change，简称IPCC）等机构提出有力的科学证据，证明至少在过去50年里，人为因素是气候变化的主要影响因素。美国科学家汤姆·威格利（Tom Wigley）回顾了30年以来科学家们对气候变化做出的预测模型，认为30年前的气候变化模型做出的一些预测一直还不错。

气候变化与全球变暖

相比全球变暖（Global Warming），气候变化这个术语可能更为准确。普遍认为，气候变暖是指由于温室效应不断积累，从而导致温度上升，造成全球气候变暖。气候变化是指天气模式在很长一段时间（从几十年到几百万年）的统计学上的显著和持久变化，气候变化是一种平均的天气变化情况。气候变化可以是海洋范围的，也可以是大陆范围的，是整个人类活动范围的变化。而全球变暖一般来说则更关注自然因素和人为因素对温度的影响。

为应对全球变暖趋势，1992 年联合国制订了《联合国气候变化框架公约》，目前已有 197 个国家正式批准了上述公约。签署公约的发达国家同意在 2000 年之前将他们释放到大气层的二氧化碳（CO_2）及其他温室气体的排放量降至 1990 年时的水平。另外，这些每年二氧化碳合计排放量占到全球二氧化碳总排放量 60% 的国家还同意将相关技术和信息转让给发展中国家，以推动全球共同应对全球变暖。发达国家转让给发展中国家的这些技术和信息非常有助于后者积极应对气候变化带来的各种挑战。

目前，科学界和各国对全球的气候变化都已有了基本共识，那么本文开头提到质疑的声音又缘何而来？答案是：对科学的不信任。总有一部分人对科学和科学研究结果持怀疑态度。但是，如果我们不相信科学，不去应对或者延缓应对未来气候变化，后果可能非常严重。当然，也有另一种可能，那就是气候变化对人类的威胁程度被高估了，气候变化有可能并没有那么严重的后果。因为对未来气候变化的预测不确定性很大，未来的气候变化可能比主流学界所预测的要大，也可能要小。因此，世界各国的决策者面临的问题就是，针对这种不确定性，该如何采取行动。当然，也有很多人认为，不管气候变化是否被高估，都要防患于未然，要提前做好缓解措施和应对措施。

2019 年 9 月 21 日，在纽约召开的联合国全球青年气候峰会上，参会的青年代表们表达了对各国应对气候变化行动迟缓的担忧。联合国秘书长安东尼奥·古特雷斯认为："最糟糕的预测正在被证明是错误的，这不是因为它们太夸张，而是因为它们与现实相比还不够夸张。"古特雷斯的发言传递出一种信息，那就是即使是对气候变化"最严重的预测"，其实也低估了现实的观测数据。

我们可以找到很多支持古特雷斯的数据，北极海冰融化就是一个很好的例子，但仍然有人对气候变化持怀疑态度。因此，回答这个问题的基础在于对气候变化模的理解，即分析和讨论现有气候变化模型的类别和预测数据。

预测气候变化的模型有哪些？

早在 1827 年，数学家傅里叶就提出地球大气具有温室效应的观点，当时他定性地论述了这一问题。30 多年后，爱尔兰物理学家廷德尔通过实验确定了大气中具有温室效应的气体，包括典型的温室效应气体二氧化碳。1896 年，瑞典物理化学家阿伦乌尼斯定量地计算出气候对二氧化碳变化的敏感性。进入 20 世纪，气候科学得益于物理学、天文学的发展，在观测、记录等方面取得更大的进展，气候学家们也认为可能是因为人类活动而导致全球变暖。斯宾塞·魏特的《探索全球变暖》（2008）一书中记录下了早期的工作。虽然已有大量研究，但气候变化科学的发展里程碑出现在 1979 年，当时美国著名气象学家恰尼等受美国科学院国家研究顾问委员会的委托，在一份研究报告，即后来的《恰尼报告》（*The Charney Report*）中提到了相关内容。在《恰尼报告》中，气候专家们首次共同整理回顾了气候变化科学的现状。今天看来，《恰尼报告》中的主要观点具有准确的预见性。

1975 年，即《恰尼报告》发表前 4 年，第一个三维的、全球的、特定空间的气候模型就已提出。马纳比（Manabe）和理查德·韦塞尔德（Richard Wetherald）的研究是这一模型的基础，当时他们在新泽西州普林斯顿大学的美国国家海洋和大气管理局（National Oceanic and Atmospheric Administration，简称 NOAA）地球物理流体动力学实验室开展研究，并根据相关研究提出这个模型。与如今的大气环流模型相比，这个模型还相对比较初级，但仍然需要最先进的计算能力来支持运行。另一个严重的局限是，该模型使用未涉及动力学的简单海洋模型来进行模拟，因此无法提供气候可能发生变化的任何时间信息。

1988 年，美国国家航空航天局（National Aeronautics and Space Administration，简称 NASA）戈达德太空研究所（The Goddard Institute for Space Studies，简称 GISS）的吉姆·汉森（Jim Hansen）和同事对未来气候变化做出了第一个可信的预测。他们在研究中，使用戈达德太空研究所大气环流模型（General Circulation Model，简称 GCM）耦合到一个相对简单的海洋模型。与当时大多数其他大气环流模型研究的关键区别在于，它考虑了海洋混合层下的热传输，因此可以量化海洋滞后效应。汉森和他的同事用对大气成分（而不是排放）的预测变化来控制他们的模型，其中最重要的是二氧化碳和甲烷（CH_4）的浓度。

与此同时，科学家们正在开发和探索其他更简单的模型：能量平衡模型（EBMs）。该模型考虑到海洋热惯性，通过将海洋热传递建模为一个上升—扩散过程，从而简化模型。相关模型称为上升流扩散能量平衡模型（UD EBMs）。这些模型无法预测出气候变化的三维细节；他们的主要结果是全球平均气温（GMT）的变化。

即使有物理上可信的模型，预测未来气候仍然是一个挑战，因为科学家们还需要预测温室气体排放的影响，以及其他影响气候变化的因素。汉森等人的研究绕开了排放的影响，转而直接估算浓度变化，而上升流扩散能量平衡模型通常会预先添加所谓的"气体循环"模型，将排放转换为浓度，并允许排放预测来影响模型。

气候变化模型的预测准确吗？

威格利在回顾了上述模型的前提下，对这些模型的预测效果做了分析。

他根据预测和实际观测，认为 30 年前的气候变化模型做出的一些预测比较准确。

威格利给出 1988 年、1989 年、1990 年和 1992 年对全球平均气温变化的 5 项最早预测的结果，见表 1。

表 1　全球平均气温（GMT）变化早期预测结果汇总

项　目	汉森 1988	威格利 1989	IPCC 1990	IPCC 1992	威格利、瑞博 1992
观测比率	0.18	0.18	0.17	0.17	0.17
模型最佳值	0.27	0.32	0.27	0.26	0.18
模型范围	0.15～0.32	0.25～0.43	不详	0.18～0.40	0.13～0.26
2018 CO_2 浓度（毫克/升）	404（407）*	419（407）	421（407）	431（407）	419（407）
2018 CH_4 浓度（毫克/升）	2314（1857）	2132（1857）	2407（1857）	2009（1857）	不详
观测开始年份	1985	1985	1990	1990	1990

注：1. IPCC 指联合国政府间气候变化专门委员会
　　2. * 指括号内为观测值

上表中的前三行给出了从规定年份（最后一行）到 2018 年的温度变暖的速度（℃/10 年）。另外几行是 2018 年二氧化碳（CO_2）和甲烷（CH_4）的预测浓度，括号内为观测值，温度变化趋势来自 HadCRUT4；浓度数据来自美国国家海洋和大气管理局和地球系统研究实验室（Earth System Researeh Laboratory，简称 ESRL）。

威格利共分析了 5 个案例，其中 4 个案例预测 2018 年二氧化碳和甲烷的浓度高于最终观察到的浓度。其中的例外是根据汉森等人的资料得出的二氧化碳预测，与监测到的数据非常接近。然而，随之而来的预计变暖的速度为 0.27，远远高于观测值。部分原因是高估了其他温室气体浓度的变化（见表 1 中甲烷的结果），此外还因为汉森等人的模型具有相当高的气候敏感性。

　　他指出，在对气候模型的分析中科学家们已经意识到，未来的气候变化不仅是由温室气体引起的，还有"气溶胶"。气溶胶作为小颗粒或液滴，可以反射太阳辐射，并改变云的辐射特性，能够抵消温室气体引起的变暖。科学家们早期的观测对气溶胶效应的忽视是一个严重的缺陷，因为二氧化碳的主要来源是燃煤，燃煤不仅产生二氧化碳，还产生二氧化硫。当二氧化硫被氧化并与水蒸气结合时，会在大气中形成硫酸盐（主要是硫酸）气溶胶。如果二氧化硫排放量增加，这些气溶胶可能会产生实质性的降温效应；反之，如果排放量减少，则会产生变暖效应。

　　1992 年，威格利和瑞博把硫酸盐气溶胶的影响纳入到他们的气候模型中，首次对全球平均气温的预测中考虑到硫酸盐气溶胶的变化。在 1992 年 IPCC 的报告中，他们使用了 IS92 排放情景，其中包括对二氧化硫排放的预测，预测相较 1990—1994 年平均温度升高的温度值，见图 1。

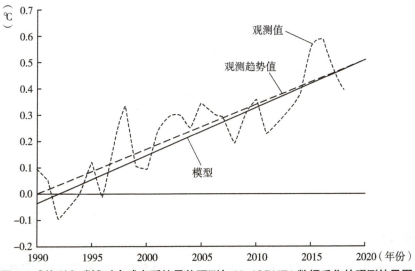

图 1　威格利和瑞博对全球变暖的最佳预测与 HadCRUT4 数据采集的观测结果图

如图所示，该模型所预测的变化与线性变化难以区分。观察结果的线性趋势线用虚线表示。变化是相对于 1990—1994 年的平均值而言。他认为，排放量的不确定性显然是全球平均气温预测不确定性的一个重要来源。如果用正确的（即观察到的）排放量重新进行计算，结果会怎么样？首先，温室气体排放减少将导致模型中变暖减弱。其次，二氧化硫排放量的减少（以及大气中气溶胶含量的减少）将导致模型中的变暖增强。修正的作用是相反的，所以对全球平均温度预测的净效应很小，而且，即使使用修正后的排放量，模型结果和观测结果之间仍然会有很好的对应关系。他认为，在对未来气候变化进行量化，并将模型预测与观测值进行比较时，仍有一系列困扰的不确定因素。排放的不确定性对未来预测仍然很重要。此外，最重要的不确定因素是气候敏感度，而且从当时到现在，这些不确定性并没有显著减少。

总之，30 多年来，气候模型取得了很重要的进展，科学家也研究出很多气候预测模型。从上文也可以看到，各个模型对二氧化碳排放量进行了估测，但得出的结论并不一致。2019 年，美国和英国科学家组成的小组解释了如何将不同的气候模型联合起来共同预测未来的气候变化。这是一种更具建设性的方法，通过各模型中所描述的对未来气候变化的因素的测量，消除各模型之间的差异性，综合考察这些因素对未来气候的影响，增加气候变化的准确性并据此进行决策。

（本文编译者　张羽）

参考文献

［1］WIGLEY T M L. How good are past predictions of global warming？［J］. Skeptical Inquirer，2020，44（2）：3–10.

[2] WIGLEY T M L, RAPER S CB. Implications for climate and sea level of revised IPCC emissions scenarios [J]. Nature , 1992, 357: 293–300.

[3] WIGLEY T M L, SANTER B D. A probabilistic quantification of the anthropogenic component of 20th century global warming [J]. Climate Dynamics, 2013 (40): 1087–1102.

[4] BRYAN K, KOMRO FG, MANABE S, et al. Transient climate response to increasing atmospheric carbon dioxide [J]. Science, 1982(215): 56–58.

[5] HALL A, COX P, HUNTINGFORD C, KLEIN S. Progressing emergent constraints on future climate change [J]. Nature Climate Change, 2019 (9): 269–278.

[6] 胡永云. 全球变化的物理基础和科学简史 [J]. 物理, 2012 (8): 495–504.

人类是如何与地震抗争的

还记得在阅读地理教科书的时候有这么一句话，"中国是一个自然灾害频发的国家"。而其中破坏力最大的自然灾害，非地震莫属。不论是发生于1976年的唐山大地震，还是那场发生在北京奥运会前夕的汶川大地震，都是很多经历者挥之不去的梦魇。

正是因为中国历史上曾经多次发生过严重危害人们生命与财产安全的地震，所以人们一直希望能以各种方法去了解地震发生的原因和找到应对地震的办法。

地震与民俗

在古代，中国民间有人曾认为地震其实是"地牛翻身"，在中国台湾更是有"地牛打架"的传说。由于当地人认为地震是地牛在相互打架，于是他们便会举行各种仪式来安抚地牛，试图通过这种带有民俗性质的仪式来阻止地震的发生。

全球受地震威胁的国家有很多，尤其是跟中国一海相隔的日本。日本由于处在地震频发的环太平洋地震带，一直受地震困扰。在日本的传说中，日本列岛下面生活着一条巨大的鲇鱼，地震便是因为这条调皮的鲇鱼时不时剧烈运动引起的。

地震理论的演变

民俗也好，传说也罢，它们都不足以让我们了解地震的本质，那么地震到底是什么？人类最早又是如何从自然的角度来解释地震这一自然现象呢？

这就不得不提到一位生活于古希腊时期的哲学家——伊壁鸠鲁。伊壁鸠鲁认为地震是由于风被封闭在地壳内，使地壳被分成小块，在拆分的过程中地壳不停地运动，即地下的风使大地震动而引起地震。他提出的这个观点在当时是非常难能可贵的，这意味着人类开始用探索自然的方式来解释地震这一自然现象。

到了现代，主流学术界均认可"板块构造学说"。"板块构造学说"的主要提出者是法国地质学家勒皮雄，此学说建立在德国科学家魏格纳提出的"大陆漂移学说"之上。

"板块构造学说"认为地球表面覆盖着不变形且坚固的板块，当地球内部提供的力量相互碰撞时，地震就发生了。"板块构造学说"中既包括欧亚板块、太平洋板块这种大名鼎鼎的"大板块"，也包括菲律宾海板块、阿拉伯板块这种较小却也很关键的板块。

学者通过"板块构造学说"分析出哪些地方是地震频发的地震带，比如日本列岛就处于欧亚板块、菲律宾海板块、太平洋板块和北美洲板块这4个板块之间，这就导致了日本成为地震最频发的国家。其他像处于南美洲板块与纳斯卡板块附近的智利，处于欧亚板块与印度板块附近的中国西南部也都是地震的高发区。

板块与板块之间激烈碰撞时所释放的能量不仅会带来地震这一种灾害，

伴随而来的还有海啸、泥石流、堰塞湖、土壤液化等灾害。

地震引发的自然灾害

当剧烈地震发生于海底时，就会引发可怕的海啸。例如，发生于2004年12月26日的印度洋海啸，由印度尼西亚苏门答腊岛附近海域发生的里氏9级的地震所引起，这场海啸一共造成29.2万人死亡。

而看似跟地震不相关的自然灾害"泥石流"，其实也跟地震有着莫大的关系。

说起泥石流发生的原因，人们第一时间想到的会是暴雨。没错！短时间内所发生的密集降雨确实是造成泥石流的重要原因，但地震后所产生的大量松散堆积物也是造成泥石流的主要原因之一。

位于中国四川省绵竹市清平乡的文家沟在历史上的很长一段时间里并不是泥石流沟，但汶川地震改变了一切，让生活在文家沟附近的居民在之后几年多次受到泥石流的威胁。学者在当地调查后得知文家沟在过去的100年内发生了5次大洪水，却没有暴发一次泥石流。

在汶川大地震之后，文家沟在之后的3个雨季内先后暴发了5次大规模和特大规模的泥石流灾害，其中破坏力最大的一次发生在2010年8月13日，共造成7人死亡、5人失踪和479户农房被掩埋或者严重破坏，造成直接经济损失4.3亿人民币。

让原本宁静的文家沟变得如此暴躁的罪魁祸首就是那场汶川大地震，地震为泥石流的发生提供了丰富的松散固体物源，当较大的暴雨遇上了这些堆积在有一定坡度的山坡上的松散固体物源时，泥石流就发生了。

四川省耗资3亿人民币建造了一个成功的特大泥石流应急治理工程，分应急抢险和应急治理两个阶段来应对文家沟的泥石流灾害。

应急抢险阶段主要开展抢修施工道路、疏浚沟谷、开挖临时排导槽等。应急治理分为上游水石分治工程区、中游固底护坡工程区与下游停挡拦淤工程区。当这个综合治理示范工程建设完成后，文家沟再也没有发生大规模及特大规模的泥石流。

人类与地震的抗争

当然，人类对付像泥石流这种地震所带来的灾害的手段还不只有建设浩大工程这一种。通过地球物理探测这一技术，人类在一定程度上可以有效地预防地震所带来的灾害。

有种因地震带来的灾害叫作土壤液化。土壤液化是指当地震发生时，土壤内部排水能力较差的饱和黏土或饱和的粉土质砂因地震而被压缩，使土壤所受压力增强，但又无法将内部的水有效排出。

这样，土壤内部的水就将产生超额孔隙水压以抵抗外部增大的压力。但问题在于超额孔隙水压是由液态的水所提供的，这就导致土壤失去了作为固体抵抗剪力的作用，开始呈现不抗剪力的液性。

但我们其实也有预测土壤液化的办法。例如，卢之伟教授就参与了一项涉及调查云林县土壤液化潜势（风险性）的工程。当时学者们通过在云林县各地进行多次钻孔勘探得出了各地发生土壤液化的潜势，并用计算机技术将其风险性可视化放到互联网上提供给民众参考。

工程师在设计房屋安全系数的时候也要考虑到当地受地震威胁的程度，以至于在一个城市的不同区域，设计房屋时的安全系数调整因子都会有所不同。

现在再来解释一下安全系数这一概念。安全系数是进行土木、机械等工程设计时，为了防止因材料缺点、工作的偏差、外力的突增（如地震）等因素所引起的后果，工程的受力部分理论上能够担负的力必须大于其实际上担负的力，即极限应力与许用应力之比，二者之比叫作安全系数。

设计房屋时，考虑到建筑的耐震需求，通常将建筑的安全系数设为1.4。那么许用应力为 10 的建筑为了达到其设计要求，其极限应力必须不小于 14 才行。

工程师还可通过在建筑的梁柱间设置阻尼器的方式来强化建筑物的抗震能力。阻尼器能有效吸收地震时释放的能量并将其消耗，从而起到降低地震对建筑物的损害作用。

虽然人类拥有越来越多的抗震技术与应对地震的经验，但人类对地震的了解还远远不够。目前人类还是无法准确预测出地震发生的时间、地点与烈度，仅能预测出某地在若干年内发生地震的概率。

但是面对地震，人类从来就没有屈服。科学一直在发展，工程师的技术水平也在不断精进，每次地震发生后都会有学者冒着生命危险奔赴危险而又混乱的灾难现场去获取宝贵的一手资料。生命会自己寻找出路，相信我们总有一天能找到规避、预测地震的方法。

（本文作者　王仁钦）

参考文献

［1］李镜培，赵春风. 土力学［M］. 2 版. 北京：高等教育出版社，2008.

［2］马宗晋，杜品仁，高祥林. 地震知识问答［M］. 北京：科学出版社，2008.

［3］日本神话中的地震，都是鲶鱼惹的祸［DB/OL］. https://www.sohu.com/a/55053344_119795.

［4］沈扬. 土力学原理十记［M］. 北京：中国建筑工业出版社，2015.

［5］金光. 见证奇迹——文家沟特大泥石流灾害治理工程［DB/OL］. http://www.scdzjt.com/content/？75.html.

［6］唐辉明. 斜坡地质灾害预测与防治的工程地质研究［M］. 北京：科学出版社，2015.

［7］余斌，唐川. 泥石流动力特性与活动规律研究［M］. 北京：科学出版社，2016.

人工智能会毁灭人类吗
——兼评扎克伯格和马斯克之争

英国技术哲学家大卫·科林格里奇发现，一项技术的社会后果不能在技术生命的早期被预料到。然而，当不希望的后果被发现时，技术却往往已经成为整个经济和社会结构的一部分，以至于对它的控制十分困难。这就是控制的困境。当变化容易时，对它的需要不能被预测；当变化的需要变得明显时，变化却变得昂贵、困难和耗时间，以致难以或不能改变。这就是所谓"科林格里奇困境"。

前不久，以百位诺贝尔奖得主为代表的科技界和孟山都等为代表的业界为一方，以绿色组织等为另一方，就转基因等唇枪舌剑，各执一词。在中国，围绕三峡工程的争论年复一年，随洪水之大小而起伏涨落，还有南水北调等。

于是，"科林格里奇困境"可以改写为：一项技术在刚推出来时信心满满，然而不久便发现，实际上还有诸多当时没有觉察，甚至被故意掩盖或压制的弊病开始发酵，然而为时已晚。

更大的争论是人工智能。马斯克认为，人工智能将威胁人类，或引发恐慌，呼吁政府尽快考虑针对这一技术的相关立法与管控；而扎克伯格则认为人工智能将会让人类的生活变得更安全和美好，那些"反对（人工智能）并鼓吹（因人工智能而引发）世界末日论调"的人"非常不负责任"。马斯克所言是危言耸听，还是对于人类的危险迫在眉睫？

这就涉及关于技术的更大的话题：双刃剑。什么是"科林格里奇困境"背后的原因？科技双刃剑的本质何在？

双刃剑的指向

无论是利还是弊，双刃剑都具有三个维度：指向人与自然的关系、指向人际关系、指向人与自身的关系。

指向人与自然的关系

黑格尔的哲学中有一个重要概念，即"理性的机巧"。"理性的机巧"的含义之一是，人把自然界当作工具，人在利用自然改造自然的活动中实现了自己的目的。

"那作为支配机械和化学过程的力量的主观目的，在这些过程里让客观事物彼此互相消耗，互相扬弃，而它却超脱其自身于它们之外，但同时又保存其自身于它们之内。这就是理性的机巧。""一方面让事物按照它们自己的本性彼此相互影响、相互削弱，而它自己并不直接干预其过程，但同时却正好实现了它自己的目的。""人的理性的狡计使他能用其他自然事物抵御自然力量，让这些事物去承受那些力量的磋磨，在这些事物背后维护和保存自己。"

自古以来，人类就是依靠这样的"机巧"在自然界繁衍生息，发展至今。

然而，正是在这样的"机巧"——利用一部分自然反对另一部分自然的过程中，犹如"煮豆燃豆萁，豆在釜中泣"，必然在空间上给自然的另一部分或整体带来损伤，在时间上是后果的积累和传递，最终导致自然的报复，这样的事例举不胜举，例如人工降雨。

从根本上说，任何技术都是一种对自然的"干预""破坏"过程，即使绿色技术，也是为了当下局部的目的而选择特定的自然以反对另一部分自然，难以厘清由此给作为整体的自然及其长远的演化造成的影响。

指向人际关系

在人际关系上，技术的双刃剑表现为一部分人获利的同时侵犯另一部分人的权益。这两部分人可以是商家和消费者、两个国家、代际之间，或者任何可能的情况。只要有人跨出一步并因此获利却没有被制约或制止，那么其他人，或者权益受损，或者获利甚少（位于微笑曲线底部）甚至没有获利，必然你追我赶，例如军备竞赛。

从当年"我们也要搞原子弹"到今日的基因编辑和人工智能，成为羊还是牧羊人，竞争从未有穷期。

维纳富有远见地指出："只有实现世界大同，不再存在相互冲突的利益集团，才有可能全面抑制科学（应该是技术）的负面作用，充分调动和发挥科学的正面作用。但是，这个目标的实现，假设有可能，也是非常非常遥远甚至是遥遥无期的。"一个又一个气候会议的艰难甚至难产，就是明证。

指向人与自身的关系

在人与自身的关系上，技术的"器官说"或"平台说"有助于理解其双刃剑效应。当人类站在技术所提供的平台上继续攀登之际，也就遗忘、遮蔽了平台下的能力，将这部分能力托付给技术。人类日渐疏离自然，投身于技术的怀抱，如浮士德一样沉迷于其间，乃至上瘾而不能自拔。

有人问，技术在人类面前开启了一扇又一扇关闭着的门，你能拒绝其诱惑不进去吗？人类一旦进入这扇或那扇门，他的行为与未来的走向不是受制于这样或那样的商品吗？再者，如果说上帝在关上一扇门之时，会打开一扇窗。那么，技术在开启这扇门之际，也就遮蔽或关上了另一扇门。

到底是开窗，还是开门？

技术与人性之争同样伴随人类到永远。

不对称的"双刃剑"

双刃剑的不对称有 5 个含义，分别为时间不对称、空间不对称、可预见性不对称、剑的知识含量与持剑者对此所持有的知识不对称、双刃剑两侧的价值判断不对称。

第一，时间不对称。它是指当下的积极效应立竿见影在当下显现，而消极后果则滞后及有待长期积累。自第一次工业革命以来，几乎所有由技术导致的负面影响都是在事后。大自然的"报复"在当时没有立即兑现，是因为需要积累，"时候未到"，"反作用"与"作用"并非同时发生。

一项技术在全力实现其目标之时，负面影响仅仅作为"副作用"（甚至并不知晓）而存在，其影响有待积累，一直到被影响者有所感知。这是"双刃剑"在时间上不对称的根源。

20 世纪 40 年代，DDT 作为有效农药大行其道。然而，在接受过 DDT 喷撒后，许多种昆虫能迅速繁殖抗 DDT 的种群；DDT 会积累于昆虫的体内，这些昆虫成为其他动物的食物后，那些动物，尤其是鱼类、鸟类则会中毒而被危害。所以，喷洒 DDT 就只是获得近期的利益，却牺牲了长远的利益。直至 1962 年卡逊出版《寂静的春天》后，问题才开始得以纠正，事隔已近 20 年。

在此意义上，所谓"先发展后治理"，并非没有一点道理，而是在某种程度上暗合了技术双刃剑在时间上的不对称。人们不可能或至少很难在发展之初即去着手去治理尚未发生的不明不白的后果。

转基因和黄金大米后续影响的时间显然更久。昆虫几个月甚至几天就是一代，其后果尚需 20 年时间方充分显现，短短二三十年时间就下结论说黄金大米无碍显然为时过早。至于人类祖先栽培作物的嫁接技术，至今何止千年！再说，远古时期是否由此产生负效应也未可知。这不是"前人栽树后人乘凉"，而有可能播下的是龙种，收获的却是跳蚤。

就人工智能而言，马斯克认为危险迫在眉睫，扎克伯格以为来日方长。其实，后者并未否定危险，双方的争论大约只是 50 步与百步之争并无本质的差别。

第二，空间不对称。上文已经分析了技术双刃剑在人际关系上的影响。空间不对称还涉及有限人群的利益与公众的代价。获利者相对集中或至少是边界清楚的一群人，而受损害的人群广泛且边界模糊。使用冰箱和空调者获利，但其中的氟利昂导致对臭氧层的破坏影响到极圈附近的人；CO_2 排放导致全球气温升高则波及全人类乃至后代；等等。转基因食品受影响的人群边界模糊，而且会随着基因的扩散而与日俱增，到头来可能影响到获利者自己。

第三，可预见性不对称。这也就是可预见的积极效应与未预见的消极后果。哈定所提出的生态学中的多效应原理认为，我们的任何行动都不是孤立的，对自然界的任何侵犯都具有无数的效应，其中许多是不可预料的。

在几乎所有的双刃剑中，正面的积极效益本身就是技术的目的，在效益的聚光灯下清晰可见，而负面影响差不多都是未曾预见，加之于强光投射之下，往往使事物的另一面变得黑暗。

研究者还指出作为技术基础的科学知识本身的缺陷及由此可能带来的风险和负面影响。诺贝尔奖的授予要经过时间的考验，DDT 及其毒性的发现者、瑞士化学家保罗·赫尔满·米勒于 1948 年获得诺贝尔生理学或医学奖。无论是发现者本人还是诺贝尔奖的评委们，都未曾料到施用 DDT 的严重后果。

双刃剑的负面影响在时间的长河中积淀，在全球甚至更大的范围中扩散，无法预期南美蝴蝶的翅膀究竟何时以及在何处掀起风暴。技术的积极效应在"计划内"，而负面影响在"计划外"。人类又如何防范未知或至少不是清晰知晓的后果呢？

可预见性不对称是时空不对称的根源，是根本性的不对称。

第四，剑的知识含量与持剑者对此所持有的知识不对称。远古，技术产品与其使用者融为一体，近代以降，二者分离，但因产品中的知识含量相对较低，使用者通常可以在掌握其原理的基础上进行操控。随着科学技术特别是高技术的发展，技术产品越来越成为黑箱，更多的知识集成于其中，而消费者日益成为"傻瓜"。

第五，双刃剑两侧的价值判断不对称。一项技术或工程欲付诸实施，须经可行性和不可行性研究，包括环评和伦理考量等。迄今为止，几乎在大多数情况下，往往认为正面、积极效应大于负面、消极效应，或后者可承受、可消除。

之所以有这种情况的原因之一是，在双刃剑砍向自然界时，一来自然界"默默地"承受着一切，二来作为"公共草地"而有人掠夺摧残，无人或少人怜香惜玉。原因之二是，意欲推进某项技术者通常为公司，背后往往还有政府的身影，因而有权有势有组织；而反对者无权无势无组织，诉求分散甚至分歧对立。

双刃剑的趋势是，上述的 5 个不对称中的前四项日益加剧。例如，由于科技黑箱越来越黑，使用者免于学习，从而使双刃剑的哪一刃都变得更为锋利。由于消费者不必从头学起即可操作，于是就可能发生对技术的滥用，其结果也就越来越超出控制。此外，随着技术的发展，双刃剑越来越指向心理，指向控制者自身。

双刃剑的"不对称性"，是"科林格里奇困境"的根源吗？

人是"双刃剑"

如果说"双刃剑"的不对称性是"科林格里奇困境"的原因，那么科技"双刃剑"的根源又是什么？那就是人。

其一，在"理性的机巧"的背后，是个人或一些人当下和有限的目的和价值判断，正是这样的目的和价值判断，促使主体选择一部分自然反对另一部分自然，由此导致一开始未知或不以为然的负面影响。

其二，因利益集团及其冲突所致，虽在理论上由人类自身的协调可以缓解，但实际上对各方都难以有约束力。再加上利益及其随机涨落，平衡是暂时的，不平衡是永恒的。由技术所致的人际矛盾不可能得到一劳永逸的解决。

其三，技术的平台上在特定语境下是开"门"，还是留着"窗"？一方面，这固然是技术对人的促逼；另一方面，则是主体对此的评价，譬如"成为一个电子人"，以及因此对自身和该项技术所做的调整，是积极面对并提升自己，还是耽溺于其中乃至上瘾，或是拒不接受而自我边缘化。

其四，可预见性的不对称，源于单项技术的有限及其影响在时间和空间上的无限，以及面对无限，人的认识能力和实践能力的有限。即使最完整的认识、最长远的预见，如终极关怀，如向死而生，如诗意地栖居，在实践中依然须从当下开始。"千里之行，始于足下。"而只要迈出一步，"当下"已经改变。可预见性不对称的根源在主观上是人类认识的不完备，在客观上是实践反馈影响的滞后。

可见，在科技双刃剑的每一个原因的背后，都有人的身影。与其说科技双刃剑，不如说人自身就是双刃剑，一刃是善，一刃是恶；一刃是自我控制，一刃是放纵自我；一侧是对世界无穷的认知与控制的欲望，另一侧是有限的认识和实践能力；一边是对不确定未来的向往或恐惧，一边是对确定往事的留恋或背离。

说到底就是两句话：人是自利的，人是有限的。

前者的表现之一是控制欲，控制自然，控制他人，与此同时则是放纵自我。个人的控制与放纵，在人际就是控制与反控制。

由于自然界的复杂、关联与不确定，由于人际关系的博弈或合作，以及由于主观能力所限，人不可能把握全局，不可能预知未来。

人类在自己的创造物中看到了自身。在科技的双刃剑中，赫然映射出人自己的身影。所谓可预见性的不对称，同样是人自身的写照：回首往事，历历在目；展望未来，充满了分岔和不确定。

阿拉丁神灯释放了科技，也就是释放了双刃剑；只要人类还在繁衍生息，双刃剑将无穷无尽；只要科技还在发展，双刃剑将愈益锋利。

弗洛伊德在1930年写道，能否理解，文明在多大程度上是建立在对本能的满足之上，又是在多大程度上是以对强大的本能的力量（以压迫、镇压或别的方法）不予满足为前提？

凯文·凯利谨慎地表示，互联网产生的相当大一部分效应都是不好的，但只要互联网的积极的一面仅仅比负面效应多出1%，那么这1%会年复一年地滚动，历经数十年甚至上百年的复合产生收益。所以，为了长远获得正效应的复利，现在互联网产生的效应，必须要比负效应多那么一点点。

本能（好奇、控制……）或许正是比对本能的控制大了1%。正是这1%的不对称，"建构"了迄今的文明史。除了邪教，几乎所有的宗教都在劝诫放弃对自然和他人的控制，代之以控制自我。要是宗教大获成功，或许人类将止步不前；要是没有宗教，有些人将自我毁灭。

自然界，正物质恰好比反物质多了"一点"，那多出来的"一点"构成了人类和大千世界。

　　说到底，人自身双刃剑的不对称，这才是科技双刃剑（无论是正面还是负面）的原动力。2000 年前，伊壁鸠鲁的原子论认为原子的偏斜造就了世界，20 世纪居里的名言是：非对称创造世界。或许应该补充的是，非对称也会毁灭世界。

　　人类不会停下脚步，更不会退回"四足行走"（伏尔泰答卢梭）的年代。尽管如海德格尔所言，每一步前行，每走过一个分岔，也就遮蔽了另外的可能。然而，这未尝不是人类社会的历史——也就是"理性"和"绝对精神"（黑格尔）或人类自身（马克思）的不断自我发现，也就是自我解蔽的历史。

　　人类就是在这样无穷的扰动—均衡—再扰动—再均衡的过程中，或者在分岔图上，不尽地由一个分岔到另一个分岔；注定要在当下和局部的利益与长远和整体的后果之间，以及在对后者的修饰和调整之中曲折前行。

　　要是站在上述观点的立场上看，扎克伯格与马斯克之争实际上并没有多大价值，只不过是对于下一个分岔何时到来及其负效应严重性的判断不一而已。

　　问题在于，以往的"双刃剑"，人类毕竟还拥有一定程度的控制权，可以由新的分岔弥补上一个分岔的负效应。而今，人类正在越过的可能是人类历史上最大一个分岔。人工智能的发展将可能一劳永逸地结束人类社会历经万年、"从分岔到分岔"的"曲折前行"的道路。

（本文作者　吕乃基）

英国人怎样看待科学

公众对科学技术的态度影响着政策的执行和应用。2018 年，英国国家社会研究中心（National Centre for Social Research）开展了第 36 次英国公众社会态度调查，调查围绕宗教、科学、女性和工作、人际关系和性别认同、贫困与不平等、欧盟争议、急救援助 7 个主题展开。其中，关于科学态度的主题是"英国公众真的厌烦专家了吗？"

公众在日常生活中如何参与科学，科学和技术是否被认为是服务社会公益的力量，以及公众在多大程度上信赖学术和商业领域的科学家并认为他们是代表们公共利益的这些问题都涉及科学与社会之间的关系，也影响着科学技术的实际应用。与此同时，公众的科学态度还需要考虑公众如何在科学、情感和信仰之间取得平衡，探讨公众对像产前基因检测这样带来复杂伦理问题的科技进展的态度是如何随着时间的推移而改变的。此次调查结果于 2019 年正式公布，下面介绍科学态度调查的结果。

公众对科学的态度

公众对科学的态度，一定程度上也反映出科学技术的社会价值。公众对科学的信任建立在我们对科学技术是否是"社会商品"的评估之上。这包括它们在社会中所起的作用，我们对其目前和未来能使生活更美好的潜力的信念，以及我们是否相信科学的益处能被同等地感受到。调查的结论还有助于探讨公众对科学的高层次态度：在多大程度上公众认为科学、技术和医学研究对社会来说是"有益的事"？人们是否相信科学家的行为符合公众利益，以及与情感或信仰等其他因素相比，我们对给予科学的重视作何感受？

为了了解公众对科学价值的看法，调查中询问人们在多大程度上同意或不同意以下表述："总体来说，现代科学弊大于利。"

调查结果显示，大约超过半数的公众（56%）反对科学弊大于利的观点（36%"不同意"，20%"强烈反对"）。大约1/10的受访者同意此观点（2%"强烈同意"，9%"同意"）。有趣的是，1/4的受访者回答说他们"既不同意，也不反对"，另有9%的受访者则根本无法回答。这表明对于相当一部分人（约1/3受访者）认为科学的利弊是恰好平衡的。

来自国家社会研究中心小组实验的证据表明，虽然一些受访者使用"从不"来代替"不知道"，而大约60%的人选择"都不"是因为"我的答案会因情况而异"，大约20%的人选择"都不"是因为"我对这个问题不够了解"。

随着时间的推移，公众越来越不太可能同意现代科学弊大于利的观点，而且更有可能反对此观点。自2000年以来，两者间的差距更为明显。2018年，只有11%的公众认为科学弊大于利，而在1993年这一比例为24%（图1）。

性别、年龄、受教育程度或社会阶层的不同并未造成显著的统计数据差异。其中，右翼政治派别的人更有可能反驳"总体来说，现代科学弊大于利"这一表述。只有6%的右翼人群同意"现代科学弊大于利"，而中间派别和左翼分别为11%和14%。

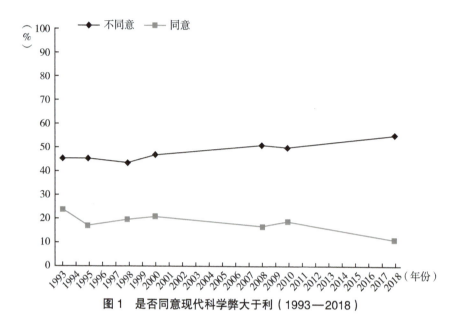

图1　是否同意现代科学弊大于利（1993—2018）

调查还显示，公众对科学家持支持态度。惠康全球监测（Wellcome Global Monitor）也调查了全球公众对科学家的态度，调查显示全球近3/4的人坚定地信任科学家，性别、收入和教育程度影响公众对科学的态度。

公众强劲支持科学

从调查结果看，公众对科学的支持是强劲有力的。我们可以从对科学的总体态度、科学对生活的影响、对科学家的态度等方面看到这种支持的表现。

对于科学对人类生活的影响，公众总体上是采取积极的态度

超过3/4的公众（77%）认同科学技术正在使我们的生活更健康、更便利、更舒适。94%的公众相信医学研究会在未来几十年里提高我们的生活质量。虽然近3/4的人（73%）相信医学研究会使所有人同等受益，但仍有近1/5（18%）的公众认为这类研究主要会使较富裕的人群受益。

大多数人相信科学家为了公众利益工作，对大学科学家的信任度高于商业科学家

超过 4/5（85%）的人相信大学科学家的工作是为了造福公众，而 2/3（67%）的人相信商业科学家的工作是为了造福公众。然而，公众对资金透明度，特别是商业领域的资金透明度仍然存在一定程度的怀疑；近 1/5（19%）的人认为大学科学家的资金来源"不太"或"完全不"透明，35% 的人对商业科学家资金来源透明度的信任度有限。

对于伦理上复杂的技术，公众观点多样

尽管公众对转基因食品生产的态度随着时间推移有所改变，但对其他科学发展的态度仍保持相对稳定。

大约 1/4（26%）的人认同英国应该种植转基因食品以和世界上其他国家竞争，相似比例（25%）的人认同转基因食品的优势大于其所带来的危险。这两个比例自 1999 年以来有所增长，当时公众对这两个问题的支持率为 1/10 左右（分别为 10% 和 11%）。

73% 的公众认为科学家应该能够使用人类胚胎细胞进行医学研究，而 21% 的人认为这是不应该被允许的。此比例自 2008 年以来有所变化，当时对应的比例分别为 69% 和 28%。

大约 2/3 的公众认同父母可以对患有严重精神或生理残疾的胎儿进行产前基因检测（均为 67%）。自 2003 年以来，公众对此类测试的整体支持水平基本没有变化。

公众对科学的理解

在一个越来越依赖技术的社会中，非科学家也需要能够理解科学并形成有根据的科学观点。公众理解科学所谓的"缺失"模型认为，对技术创新的敌意，至少是一部分源于对这种创新背后的科学缺乏理解。由此，科学和科学研究项目可能会预期在更有"科学素养"的社会成员中得到更多的支持。

因此，众在多大程度上对科学有兴趣，公众科学知识水平是否有助于解释对科学态度上的差异这两个问题，使得了解公众的观点也就显得非常重要了。

对科学的兴趣

为了了解英国公众如何衡量理解科学在日常生活中的重要性，调查询问受访者在多大程度上同意或不同意以下表述："对我来说，在日常生活中了解科学不重要。"

3/5 的受访者不同意这一说法，这表明他们的确认为了解科学对日常生活是重要的。而 1/4 的受访者同意科学知识并不重要。这个结果与1996年的调查相比，出现非常大的转变。当时只有 51% 的受访者表示不同意这个说法，这表明公众可能正在变得更倾向于认为科学知识与日常生活相关。这个问题设置了一个非常高的门槛，它不是问在应对如何做具体决定时了解科学是否"重要"，而是问在日常生活中了解科学是否"重要"。绝大多数的受访者支持这一观点，这表明了解科学与我们日常生活息息相关这一观念。

这个问题与受教育水平、职业阶层相关，更高的受教育水平与职业阶层对科学知识在日常生活中重要性的支持更强。约 4/5（78%）的大学毕业生不同意在日常生活中了解科学不重要，而在没有正式学历的人群中这一比例为 39%。同样，约 3/4（74%）的管理职业人员不同意这一观点，而在从事重复性和半重复性职业的人员中这一比例为 41%。

　　有趣的是，科学在日常生活中的重要性是体现科学态度和政治态度联系的领域之一。结果显示，近3/4（72%）的自由派团体不认同了解科学不重要，而在权威派团体中这个数字刚刚超过一半（56%）。

　　数据显示了公众对科学知识重要这一观点的强烈支持，但是人们对科学有兴趣吗？为了了解公众对科学的兴趣，设置如下题目：

　　　　医学研究涉及身体如何工作、疾病和病痛的成因，以及开发和测试新的治疗方案。

　　　　你对医学研究的兴趣如何，如果有的话，你觉得你的兴趣有多大？

　　超过4/5（82%）的人说他们对医学研究有兴趣。考虑到人们对科学技术的整体支持水平，以及医学研究对公众的生活和生活质量的直接重要性，这也许并不令人惊讶。然而在不同群体间存在一些显著的差异：女性（84%，男性为81%）和老年人（年龄在55岁以上为86%，年龄在35岁以下为78%）对医学研究的兴趣更高。对科学的积极态度和对医学研究的兴趣与更高的受教育水平和更高的职业阶层相关，9/10（91%）的大学毕业生对医学研究感兴趣，而在没有正式学历的人群中此比例不到7/10（68%）。同样，近89%的管理职业人员对医学研究感兴趣，而在从事半重复性和重复性职业的人员中这一比例为77%。

科学知识

　　根据"缺失"模型，科学家和政策制定者普遍认为更有学问或有"科学素养"的公众会更好地做出涉及科学技术的个人决定，并对科学技术在整体上持更积极的态度。然而，实验研究表明对科学的态度和理解科学之间的关系是更为复杂的。知识与对科学的一般态度之间仅有较弱的相关性，而且在更具争议的技术上知识有时会与消极态度相关。

为了评估人们对一系列科学原理的理解水平，受访者被要求进行一个关于科学的"小测验"：

> 现在进行一个关于科学的小测验。对于以下每个陈述，请说明你认为是绝对正确、可能正确、可能错误还是绝对错误。如果你不知道，请直接说明，我们会进行下一问题。
>
> 电子比原子小。
>
> 人类超过一半的基因与老鼠基因完全相同。
>
> 生物克隆会产生基因一致的复制品。
>
> 激光通过集中波动工作。
>
> 吃了转基因水果，人的基因也会发生改变。
>
> 母亲的基因决定孩子的性别。

受访者每正确回答一个问题会得到1分（前三题回答"绝对正确"和"可能正确"得1分，后三题回答"可能错误"和"绝对错误"得1分）。得分最后相加，所以受访者正确回答全部6个问题得6分，正确回答5个问题得5分，以此类推。

拥有更高科学知识水平的人更有可能对科学和技术有积极的感受，更有可能对科学感兴趣并认为它与日常生活息息相关，而且更有可能在伦理复杂的情况下支持科学的介入。只有对商业领域科学家的信任与科学知识水平并不相关：较高的测验得分并不意味着更有可能相信企业科学家为公众利益行事或他们的资金来源可能是透明的。即便限制了年龄、性别、社会阶层和关键的受教育水平后，更高得分与更积极的科学态度之间的联系依然存在。这表明了科学知识本身似乎确实与对科学和技术的态度有着密切的联系。

结果表明，大多数公众认为科学对日常生活是重要的，他们对医学研究有着高度兴趣并相信对科学和技术的了解对现代生活是重要的。这在社会群体间存在着差异，尤其是根据教育、阶层、性别、年龄和政治观点来看。这表明，人们对科学的评估也与他们参与科学程度、知识水平有关。知识越丰富的人越支持科学和科学家。

对争议性科学话题的态度

以上分析表明，人们对科学和科学家广泛的支持率非常高，特别是在受教育水平和科学知识水平较高的人群当中。然而这一结论在面对特定的、有争议的技术问题时，表现出什么样的特征？2018 年的调查中重复了之前英国公众对科学态度的调查中提出的一系列问题，这些问题涉及公众对产前检测和转基因食品的态度。这些科学程序在英国和世界范围内一直是公开辩论的话题。但是对它们的使用也越来越普遍。是否公众对这些伦理复杂的科学技术领域变得更积极，或者至少不那么反对了？在不同的社会群体间是否有差异呢？

产前检测

在英国，产前筛查检测是常规项目，包括传染病和一系列身体和智力状况的标准检测。这些检测的目的是为了让父母能够就怀孕期间对母亲和胎儿所采取的医疗手段做出决定，其中也可能包括是否继续怀孕的决定。

产前筛查检测和终止妊娠之间的这种联系造成了极大的伦理顾虑。其中一些是基于反堕胎的世界观和人类生命的神圣性，因此经常与宗教信仰联系在一起。另一些则基于生命的相对权利和母亲与胎儿的福祉以及残障权利，包括对于一些残障团体可能被消除的关切。

2018 年，设置的问题如下：

> 基因测试可以在未出生的孩子身上进行。你同意还是不同意父母用这种测试来帮助他们决定是否要一个……有严重精神残疾，永远无法独立生活的孩子？……有严重的身体残疾，永远无法独立生活？

大约 2/3 的人同意应该允许父母使用产前基因检测来决定是否要一个无法独立生活的智力或身体残疾的孩子。只有 16% 的人不同意父母应该使用这种产前检查，同样比例（15% ~ 16%）的人"既不同意也不反对"。这与 2003 年第一次调查的数据非常相似。其中选择"强烈同意"的公众比例显著增加，一定程度上表明了公众对加强这类医疗服务的强烈支持。见表 1。

表 1　2003 年和 2018 年父母对使用基因测试的态度

选　项	未出生胎儿状况			
	有严重精神残障		有严重身体残疾	
	2003 年	2018 年	2003 年	2018 年
强烈同意（%）	23	34	20	32
同意（%）	44	33	44	35
既不同意也不反对（%）	13	15	14	16
反对（%）	12	9	13	9
强烈反对（%）	7	7	6	7
未加权基数（N）	3272	2921	3272	2921

2018 年，针对使用人类胚胎细胞进行医学研究的态度上，73% 的公众认为科学家应该能够使用人类胚胎细胞进行医学研究，而 21% 的人认为这是不应该被允许的。见表 2。

表 2　2008 年和 2018 年公众对使用人类胚胎细胞进行医学研究的态度

选　项	2008 年	2018 年
绝对应该允许（%）	26	30
也许应该允许（%）	43	43
可能不应该被允许（%）	16	13
绝对不应该允许（%）	12	8
未加权基数（N）	2250	2921

转基因作物与食品

自 20 世纪 90 年代以来，转基因作物和转基因食品一直是英国公众强烈反对的对象，欧盟自 2003 年起暂停了转基因作物的种植。然而，在这一禁令实施期间，包括美国在内的世界其他地区转基因作物的使用量大幅增加，但目前没有任何证据表明转基因作物对人类健康有害。这是否意味着关于转基因的反对会减弱？

英国公众对于转基因技术的意见存在分歧：1/4（25%）的人同意"为了与世界其他国家竞争，英国应该种植转基因食品"，大约 1/3（31%）的人不同意，同样比例（30%）的人既不同意也不反对。1/4 的人同意"总的来说，转基因食品的利大于弊"（25%），而相当比例的人（23%）不同意，1/3 多的人（36%）既不同意也不反对。当我们看到对明确的反转基因声明的回应"即使食品价格因此受到影响，转基因食品也应该被禁止"时，这种喜忧参半的局面略有改变，约 2/5（37%）的人不同意（即表示支持转基因立场），约 1/5（18%）的人同意应禁止转基因食品，只有不到 1/3（31%）的人既不同意也不反对。见表3。

表3　对转基因食品的态度

选　项	为了与世界其他国家竞争，英国应该种植转基因食品	总的来说，转基因食品的利大于弊	即使食品价格因此受到影响，转基因食品也应该被禁止
非常同意（%）	4	4	4
同意（%）	21	21	14
既不同意也不反对（%）	30	36	31
反对（%）	24	18	28
强烈反对（%）	7	5	9
不知道/拒绝（%）	13	16	14
未加权基数（N）	2300	2300	2300

结　论

长期以来，公众对科学和科学家的支持与信任一直被视为技术发达社会顺利运作不可或缺的要素。我们生活在一个社会－技术生态系统中，它需要公民对科学家的能力及其为公众利益而工作抱有信心。当然更重要的是，对科学信任的下降会威胁到基础研究与应用研究项目的公众认可和资金支持，没有这些的话我们所面临的重大挑战将根本无法解决。

本文的分析表明，人们对科学的信心水平普遍是高的。大多数人认为现代科学是一种有益的力量，它改善了人们的生活，在日常生活中是有趣的，并且与人们的生活息息相关。我们发现公众对科学或科学家信任危机这一想法几乎没有得到支持。确实有证据显示随着我们成为一个科学和技术更加复杂的社会，我们对科学和技术的信任也随之增长。

无论是从抽象还是具体的角度来说，更高的受教育水平、科学知识水平和职业地位确实与更积极的科学观有关。但这些差异并不是实质性的，几乎没有证据表明被剥夺权力的人群会转而反对科学机构，或成为美国式的"文化战争"那样。

关于科学、情感和信仰在现代社会中相对重要性的看法并不统一，大约各1/3的受访者分别同意或不同意"我们对科学的信赖过于频繁，对情感和信仰则不够"这一观点，剩下的1/3表示无法说清楚。显然，公众认同科学并不是唯一的知识载体或认知世界的方式，其他事物，比如信仰和情感同样重要。信仰的重要性尤其体现在我们对更具争议性和伦理复杂的技术的态度上，比如产前检测和胚胎干细胞的使用。

因此，尽管人们对一些重要社会机构的信任有所下降，但对科学的支持却在加强，而且是在较高基础上加强。我们不应由此得出这样一个结论，即无法做得更多来让公众更好地参与科学研究项目的规范、发展和实施。而且，我们的证据确实显示有一小部分但是很重要的少数公众对科学及其管理的信任度和信心较低，这应引起进一步警惕。尽管如此，参与科学的公众对科学和技术现在和将来的作用持有开放和支持的态度，科学界不应畏惧信任危机，而是完全有理由对这样的公众充满信心。

（本文编译者　赵菡）

参考文献

[1] CURTICE J, CLERY E, PERRY J, et al. British social attitudes: the 36th Report [R].

London: The National Centre for Social Research, 2019.

[2] RABESANDRATANA T. These are the countries that trust scientists the most and the least [EB/OL]. [2020-12-20]. https://www.sciencemag.org/news/2019/06/global-survey-finds-strong-support-scientists.

英国公众对新冠肺炎的看法

新冠肺炎在全球暴发后，皮尤中心 2020 年 3 月在全美范围内调查了美国公众对新冠肺炎疫情的看法。调查显示，多数美国人认为疫情对美国经济构成了重大威胁，他们对美国疾病控制与预防中心（Center for Disease Control and Prevention，简称 CDC）抱有信心；2020 年 6 月，美国有线电视新闻网（Cable News Network，简称 CNN）也对美国公众对新冠肺炎态度进行调查，同样显示出公众对肺炎疫情非常担心。这两次调查中，调查问题主要涉及新冠肺炎疫情与经济、社会发展和公众对政府的态度等。而英国针对新冠肺炎的调查从科学视角关注应对措施、认知态度等，调查的切入点更详细、更具有针对性。

2020 年 8 月，英国国家社会研究中心（NatCen Social Research）做了一项关于新型冠状病毒的研究。报告关注了新型冠状病毒对公众行为的影响，以及公众对应对措施的认知程度、行为所受的影响、对信息源的信任程度、对干预措施的看法。调查结论如下。

调查简况

背景

惠康监测是由英国国家社会研究中心开展的一项关于英国成年人对科

学和健康研究的认识、知识、参与和态度的研究。

这份报告的重点是以下关键发现——包括疫情给公众生活不同领域带来的影响、公众对采取限制措施后的行为态度，公众是否明确需要做什么来减少疫情影响，以及他们对来自不同来源的信息特别是卫生科学家和研究人员的信任程度。该报告还探讨了这些观点和经验在不同群体之间的差异。

方法

本次调查采用了实地调查的方法。

在本报告中，共有2651人参加了调查，其中2330人（88%）在线完成，321人（12%）通过电话完成。

本报告所述各群体之间的所有差异都在95%的水平上进行了统计显著性检验，除非另有说明，所有差异都具有统计显著性。

在本报告的分析中，探讨了人们的态度、行为和经验如何因其社会经济情况而有所不同。这一系列衡量标准包括人们的家庭收入、财务管理情况、社会阶层、就业状况、房地产保有权和最高学历。

新冠肺炎疫情的影响

对大流行病影响的担忧和封锁限制后的困难

总的来说，人们最关心的是英国国家医疗服务体系（National Health Service，简称 NHS）的能力和亲友健康，子女教育次之，个人财务状况最后（图1）。

对"个人"领域的关注程度因性别和年龄而异，女性（21%）比男性（16%）更容易因疫情对其心理健康的影响感到"非常担心"；但对其身体健康或个人财务的影响的担心情况没有性别差异。

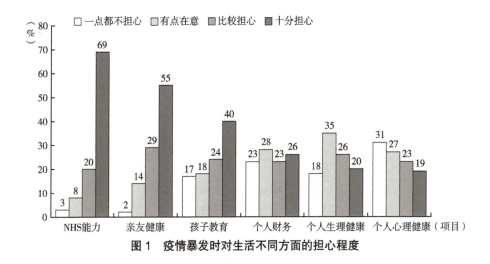

图1　疫情暴发时对生活不同方面的担心程度

与其他年龄段的人相比，18～29岁的人不太关心疫情对身体健康的影响，而40～49岁的人更可能感到非常担心（图2）。

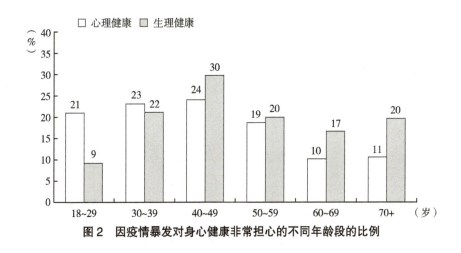

图2　因疫情暴发对身心健康非常担心的不同年龄段的比例

在个人方面，个人财务是人们最可能关注的领域。但是，这在各个年龄段之间差异很大。与老年人相比，年龄在60岁以下的人更关注新冠疫情对个人财务的影响（图3）。

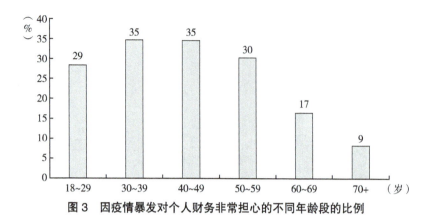

图3　因疫情暴发对个人财务非常担心的不同年龄段的比例

很大一部分人发现遵循限制措施很困难。

在封城 1 ~ 4 周后，大多数（60%）的人报告说，他们发现遵守疫情限制措施"并不很困难"或"一点不困难"。而很大一部分（40%）比例人群认为遵守疫情限制措施"非常"或"比较"困难（图 4）。

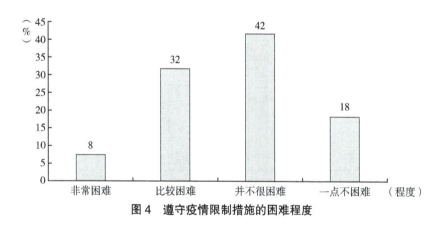

图4　遵守疫情限制措施的困难程度

公众遵守疫情限制措施的意愿因年龄而异（图 5）。

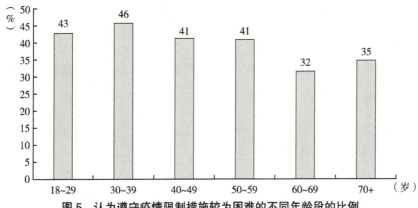

图5 认为遵守疫情限制措施较为困难的不同年龄段的比例

对社会经济状况的关注

经济上越困难，对新冠肺炎疫情的影响的关注程度越高。

图6表明那些经济上比较困难的人更关注疫情对他们的身体健康、心理健康和个人财务的影响。

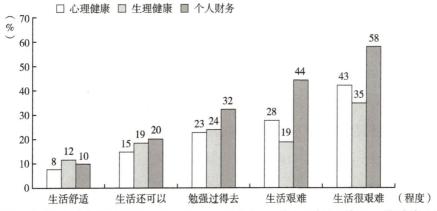

图6 在疫情期间非常担心生理健康、心理健康和个人财务的人群比例（基于不同经济情况）

这表明新冠肺炎疫情可能加剧了现有的经济不平等。那些财务状况不太理想的人们可能会优先考虑财务状况而不是健康状况。

经济上较差的人可能更难遵守疫情的防控措施。

核心工作者的经验

与其他工作人员相比，核心工作人员更关心新冠肺炎疫情对他们身体健康的影响（图7）。

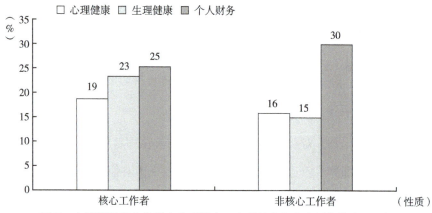

图7　在疫情期间非常担心生理健康、心理健康和个人财务的人群比例

对应对措施的认知程度及行为所受的影响

这里探讨了公众如何清楚地了解应采取的措施和信息，以最大限度地减少在新冠肺炎疫情初期所面临的感染或传播新型冠状病毒的风险。本次调查着眼于不同的人口群体是否大致了解这些信息，以及公众希望本应该更明了的领域。

应对措施的信息明确性

绝大多数人表示非常清楚应对措施（图8）。

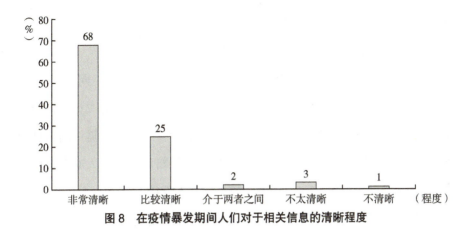

图8　在疫情暴发期间人们对于相关信息的清晰程度

对预防措施的认知程度和采取情况

大部分社交距离措施被认为是有效的，而且被接受的程度很高。

与遵循"卫生"措施（如少用手摸脸）相比，遵循"社交距离"措施（如避免社交活动）被认为是最有效，而且是最有可能做到的。

对于信息源的信任程度和对干预措施的看法

本报告探讨公众对不同来源的新冠肺炎疫情信息的信任程度，以及不同人群之间的信任差异，特别侧重于对卫生研究人员和科学家与政府科学顾问提供的信息的信任度。

对来自不同来源的新型冠状病毒信息的信任

与政府信息或"日常"信息来源相比，人们更愿意信任来自卫生部门的信息。

关于新型冠状病毒的最受信任的信息来源是卫生部门：首先是医生、护士和医疗专业人员、英国国家医疗服务体系，其次是卫生科学家和研究人员与世界卫生组织。公众对英国公共卫生局（Public Health England，简称PHE）

的信任度最高，政府科学顾问次之。最不可信的来源是"日常"来源，首先是雇主，其次是朋友和家人，最后是媒体和宗教领袖。

不同经济情况和族裔群体的人们对外来的信息的信任度不同。

在一系列措施中，那些处于更安全的社会经济环境中的人更有可能信任卫生机构相关单位的消息，如卫生科学家和世界卫生组织提供的信息与政府的消息。相反，那些处于不太安全的社会经济环境中的人通常更可能信任"日常"来源的消息，如朋友、家人和宗教领袖。

对于来自卫生科学家和政府科学顾问提供的信息的信任

人们对于来自卫生科学家和政府科学顾问的新冠肺炎疫情信息的信任度很高，但是其中对政府科学顾问的信息信任度较低。

公众对卫生科学家和政府科学顾问提供的有关新型冠状病毒的信息的信任度，与平时对待一般卫生相关信息的态度有关。那些平时更经常地寻找有关卫生信息的人对来自卫生科学家的信息的信任程度更高。对科学家意见感兴趣的人，通常更愿意相信卫生科学家和政府科学顾问提供的信息。

关于防止疾病传播的措施和政府干预的意见

对卫生科学家和政府顾问提供的信息比较信任的人，认为预防传播的措施是有效的，但他们不一定会采取这些措施。

对卫生科学家提供的信息信任度较高的人更可能认为某些传播预防措施是有效的，与有一些信任、很少信任或没有信任的人相比，完全信任或非常信任的人更有可能认为避免社交活动、洗手、避免在封闭的公共场所活动、下班后／放学后待在家里和较少接触脸部等措施非常有效（图9）。

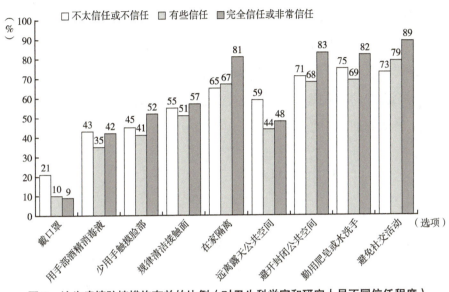

图9 认为疫情防控措施有效的比例（对卫生科学家和研究人员不同信任程度）

然而，对卫生科学家和政府科学顾问信任度高的人却并不一定采取戴口罩的措施（图10），而对卫生科学家和政府科学顾问信任度较低的参与者更有可能佩戴口罩（对卫生科学家信任度极低或不信任的人中佩戴口罩

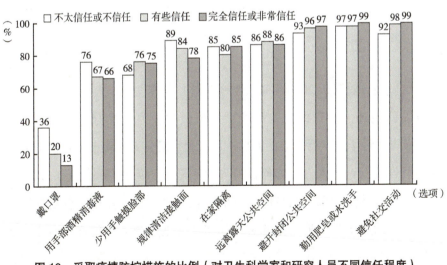

图10 采取疫情防控措施的比例（对卫生科学家和研究人员不同信任程度）

的比例为 36%，而完全信任或非常信任的人中戴口罩的比例为 13%）。这也许反映了当时的指导意见不建议戴口罩，后来发生了变化，一些不信任指导意见的人认为口罩有效，决定还是戴口罩。

　　信任卫生科学家提供的信息的人更有可能认为政府遵循了科学的建议，疫情封锁限制是合适的（图 11）。

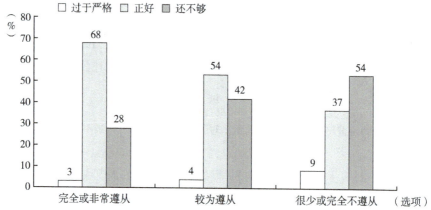

图 11　对限制措施的严格程度的看法（基于政府在多大程度上遵循专家建议）

结论和影响

　　这份报告着眼于 2020 年 4 月封锁的前几周英国成年人的看法和经历。当时因新冠肺炎导致的住院和死亡人数最高，并且政府的限制最为严格。报告探讨了公众所关心的问题，以及公众遵守现有限制措施的意愿程度。报告还探讨了人们对如何保持安全和限制感染传播的信息的认知程度，以及对从不同渠道获得的信息的信任程度，这些数据不仅是回顾性的，还有助于更长期地规划和考虑如何最好地解决未来的疫情所带来的问题。

对新型冠状病毒流行影响的关注程度并不均匀地分布在整个人群中。人们发现经济上更困难群体的人更可能非常关注新型冠状病毒对他们的生理健康和心理健康的影响，以及对他们的个人财务和子女教育的影响。来自那些经济上更困难的人也是遵守限制措施最困难的人。

这些关注反映了其他研究已经确定的影响：例如，低收入群体更有可能陷入非住房方面的账单拖欠，并看到他们的收入下降。这些调查结果表明，在封锁期早期，这一流行病引起人们对健康、财政和教育不同程度的关注，并根据现有的不利条件，在秋季／冬季为可能的第二波疫情的来临做好准备。我们应该做更多的工作，考虑到人们的具体情况，特别是那些已经处于不利地位的群体。因此，有必要重新考虑更广泛的卫生系统，而不仅仅是直接的卫生服务。科学与社会之间的关系将变得越来越重要。

本文研究了人们对预防新型冠状病毒的了解程度，以及他们对来源信息的信任程度。大多数人认为，他们收到了关于如何做才能最大限度地减少感染或传播新型冠状病毒的风险的明确信息。大多数人也相信他们从卫生部门得到的信息，但较少相信来自政府的信息。

然而，不同群体之间对信息的信任程度不同。那些已经处于不利地位的群体不太可能信任政府和机构来源的信息，虽然这并不令人惊讶，但却是一个提醒，即那些传达健康信息和制定影响人们健康的政策的人需要确保他们做到传达的信息包容各方。

总的来说，这份报告表明，那些在财政上感到困难的人，不但更关心这一流行病的影响，而且更难遵守这些限制措施。他们也不太接受别人信任的关于预防新型冠状病毒的信息。人们应该更多地考虑有关卫生的信息如何让那些在经济上更困难的人接受。重要的是要明确如何将卫生信息更密切地与这些人的具体关注点和背景联系起来，更多地考虑他们的需要和广泛的政策可能对他们产生的后果，将有助于采取更具针对性和包容性的办法。

（本文编译者　杨智明）

参考文献

［1］SYLVIE C, JESSOP C, PERERA P, GREENWOOD E, STURGIS P, PARAMASIVAN M.Wellcome Monitor, 2020：Covid-19 Study［R］.

［2］Pew Research Center. U.S. public sees multiple threats from the coronavirus-And concerns are growing［EB/OL］.（2020-03-10）［2020-12-20］. https://www.people-press.org/2020/03/18/u-s-public-sees-multiple-threats-from-the-coronavirus-and-concerns-are-growing/.

［3］AGIESTA J. CNN Poll: public split on return to routine due to coronavirus［EB/OL］.（2020-06-10）［2020-12-20］. https://edition.cnn.com/2020/06/10/politics/cnn-poll-coronavirus/index.html.